Johannes Gross

Begründung der Berliner Republik

Deutschland am Ende des
20. Jahrhunderts

W0084062

Deutsche Verlags-Anstalt
Stuttgart

Dem Andenken von
Johannes Daniel Gross
gewidmet

Die Deutsche Bibliothek – CIP-Einheitsaufnahme

Gross, Johannes:
Begründung der Berliner Republik :
Deutschland am Ende des 20. Jahrhunderts /
Johannes Gross. - 2. Aufl. -
Stuttgart : Deutsche Verlags-Anstalt, 1995
ISBN 3-421-06699-X

2. Auflage 1995
© 1995 Deutsche Verlags-Anstalt GmbH, Stuttgart
Alle Rechte vorbehalten
Satz: Uhl + Massopust GmbH, Aalen
Druck und Bindearbeit: Clausen & Bosse, Leck
Printed in Germany
ISBN 3-421-06699-X

Inhalt

I. Die alte Republik 7

II. Verfassungsänderung 12

III. Das Kartell der Garanten . . . 20

IV. Das Ende der Parteiendemokratie 27

V. Kirchen und Gewerkschaften . . 34

VI. Die instabile Normalität . . . 42

VII. Restbezirke der Stabilität . . . 51

VIII. Der Staat als Büttel der
Gesellschaft 56

IX. Die Übergangswahlen 63

X. Kohl 69

XI. Die Hauptstadt 84

XII. Wie das Grundgesetz in Kraft
treten kann 101

XIII. Deutschland in der neuen
Weltordnung 124

XIV. Gewißheiten, deutsche und
andere 151

XV. Innere Einheit 169

*»Deutschland hat ewigen Bestand,
es ist ein kerngesundes Land...«*
                    Heinrich Heine
(aus dem Gedicht »Denk ich an Deutschland
in der Nacht«, das so gern und so falsch
zitiert wird)

I.
Die alte Republik

Von der Berliner Republik soll in diesem Buch gesprochen werden, doch ist die Bezeichnung nicht wie vordem das Wort Bonner Republik oder Weimarer Republik in wertender – meist war es eine herabsetzende – Absicht gebraucht, sondern nur zum Zweck der Unterscheidung. Die Bundesrepublik ist durch die Wiedervereinigung nicht nur größer, sondern dank auch der sie begleitenden Veränderungen der internationalen Politik von Grund auf anders geworden. Nach den gelungenen Anfangsjahren der alten Bundesrepublik hatte der Schweizer Schriftsteller Fritz René Allemann in einem erfolgreichen Buch die These vertreten »Bonn ist nicht Weimar«; er hob die Stabilität der zweiten Republik gegenüber der ersten hervor, die Kraft ihrer demokratischen Institutionen, die vernünftige antiutopische Gesinnung ihrer Gestalter, die Bereitschaft der deutschen Gesellschaft, die in Sackgassen führenden deutschen Sonderwege nicht zu beschreiten und die westlichen Ideale zu den ihrigen zu machen.

Wenige Jahre nach der Umwandlung der Bundesrepublik zum Nationalstaat für alle Deutschen ist es an der Zeit, die politische Physiognomie einer Republik, die nicht mehr Bonn als Hauptstadt hat, zu zeichnen. Mag das Gesicht der Berliner Republik in allen Zügen, Falten und Runzeln auch noch nicht erkennbar sein, die Unterschiede zum Bild der alten sind es. Die Berliner Republik ist mit der Bonner Republik staatsrechtlich identisch; gesellschaftlich, politisch, kulturell ist sie es nicht. Die alte Bundesrepublik war die Gründung der westlichen Siegermächte und der besiegten Deutschen, diese hauptsächlich vertreten durch die von den Besatzungsmächten zugelassenen politischen Parteien, die sich auf Vorläuferorganisationen aus der Zeit zwischen den Kriegen stützen konnten. Beide Hauptmitwirkende am Gründungswerk griffen wohlüberlegt auf Elemente alter staatsrechtlicher Institutionen und Vorstellungen zurück: vom Föderalismus über das System von Proporz und Parität bis zur Titulatur für Ämter und Organe. Sie suchten revolutionäre Brüche mit der Vor-NS-Tradition zu vermeiden, doch solche Bestandteile des Verfassungslebens auszuscheiden, die der deutschen Demokratie in der Vergangenheit gefährlich gewesen sein mochten; die starke Stellung des Staatsoberhaupts darunter, ein sich zersplitternder, ungestümer Parlamentarismus, die unnatürliche Vormachtstellung eines Landes im föderativen System, weshalb Preußen nicht wieder erstehen durfte. Statt dessen Ausbau des unter Bismarck und in Weimar schon vorhandenen Kanzlerprinzips, statt dessen Grundrechte nicht bloß als Verhaltensregeln für die staatliche Gewalt, sondern als einklagbare Ansprüche des Bürgers; und zum Schutz

8

des Ganzen eine bislang in Europa nicht heimische, aber in den USA als fernes Vorbild wirksame, nun importierte Verfassungsgerichtsbarkeit.

Diese Verfassung hatte ihre Beständigkeit und innere Stabilität von Anfang an in erstaunlicher Fraglosigkeit auf die Garantie der Siegermächte einerseits und einen umfassenden deutschen Konsens andererseits gründen können. Dieser umfaßte politische Parteien, Kirchen und Gewerkschaften ebenso wie die Instrumente der öffentlichen Meinung, die als freiheitliche, aber zu Werbung für demokratische Grundsätze verpflichtete Organe obrigkeitlich erlaubten Zugang zur Öffentlichkeit erhalten hatten; sie bewährten sich im wechselseitigen Bezugssystem aller am demokratischen Aufbau engagierten Gruppen. Auch als das Besatzungsstatut als förmliche Fesselung deutscher politischer Gewalt dank der Staatskunst Adenauers schon am 5. Mai 1955 beseitigt werden konnte und die Bundesrepublik Deutschland eine formelle Souveränität nach innen wie als Völkerrechtssubjekt erlangte, blieb das Statut als informell in die deutsche Staatspraxis und subjektiv in die Herzen der politischen Klasse eingeprägtes Regelwerk erhalten; jede Regung politischer Abenteuerlichkeit oder ausschweifender Selbständigkeit erfreulich unterdrückend.

Der imponierende Staatsbau der alten Bundesrepublik wäre freilich ohne den immensen, die eigenen Erwartungen wie die Leistungen vergleichbarer Nachbarnationen weit übertreffenden wirtschaftlichen Erfolg nicht möglich gewesen. An diesem hatten indes die Besatzungsmächte und die von und mit ihnen etablierten deutschen Gewährsträger des politischen Prozesses den geringsten Teil. Zwar hatte die amerikanische Siegermacht mit der von ihr beförderten Währungsreform 1948 eine der wichtigsten Voraussetzungen geschaffen, zwar waren Handels- und Aufbauhemmnisse für die deutsche Industrie in mühsamen Verhandlungen allmählich entschärft oder beseitigt worden, zwar hat die deutsche Diplomatie mit dem bedeutenden Bankier Hermann Josef Abs durch das Londoner Schuldenabkommen 1952 den massiven Eintritt der Bundesrepublik in die Weltwirtschaft vertraglich sichern können, zwar hat auch der Marshallplan der Amerikaner den verarmten Deutschen nicht wenig geholfen (viel weniger freilich als den anderen Europäern und viel weniger, als die jahrzehntelangen Dankesbekundungen deutscher Politiker vermuten lassen). Der wirtschaftliche Aufbau jedoch ist die genuine Eigenleistung der deutschen Gesellschaft selbst gewesen. Die Tatsache, daß statt ebensogut möglicher sozialer Apathie und ökonomischer Lethargie Hunderttausende von Initiativen einen Aufschwung und eine Modernisierung auf den Weg brachten und ins Werk setzten, ist als der eigentliche erste große Akt demokratischer Spontaneität zu sehen, dem die Bundesrepublik in der Folge ihr soziales Glück und ihre politische Bedeutung verdankt hat. Der Mann, der diese Initiativen freizusetzen verstand, der die Freiheiten ökonomischen Handelns ge-

gen Traditionen und gegen die ängstliche Risiko-
scheu, die die Mehrheit verantwortlicher Politiker
plagte, durchzusetzen verstand, Bundeswirtschafts-
minister Ludwig Erhard, wird auf ewig als zweiter
Gründungsvater der Bundesrepublik zu nennen sein.
Es tut seinem Verdienst keinen Abbruch, daß der
große Anstoß zur wirtschaftlichen Liberalität nicht
fortgeführt wurde und daß sich in den ordentlich
gewachsenen Wirtschaftsformen der Bundesrepublik
ein vergleichbarer, auf freiheitliche Neuerungen sin-
nender Aufbruch zu mehr Autonomie der Gesellschaft (gegenüber Regelansprüchen politischer Gewalten) nicht eingestellt hat.

Dieses Bild der Bundesrepublik ist durch die Wiedervereinigung von Grund auf verändert. Der Wortlaut der Verfassung ist derselbe geblieben (einige be-
deutungslose Retuschen werden noch vorgenom-
men), doch steht nicht mehr das gleiche drin.

II.
Verfassungsänderung

Daß die geschriebene und die tatsächliche Verfassung eines Landes auseinanderfallen, ist für die Verfassungsgeschichte keine Neuheit. Benjamin Franklin oder Thomas Jefferson wären höchst erstaunt zu erfahren, wie heute die zweihundert Jahre alte Verfassung der USA gelesen, interpretiert und angewendet wird, selbst wenn sie die Verfassungszusätze mitläsen. Die Verfassung der Fünften Republik Frankreichs hat einen ganz anderen Aspekt, wenn Präsident und Regierung aus dem gleichen politischen Holz sind – wie wenn Kohabitation stattfindet zwischen dem Präsidenten aus der einen und dem Regierungschef aus anderer Richtung. Und wir brauchen uns nur an die Geschichte der Weimarer Republik zu erinnern, um zu erkennen, daß die Verfassung der parlamentarischen Republik 1920 trotz gleichem Wortlaut nicht dieselbe war wie die präsidiale Verfassung von 1930.

Zum Ende der DDR und zum Beginn der Wiedervereinigung hatte ihr letzter und ihr erster nichtkommunistischer Ministerpräsident, Lothar de Maizière, die für viele Limesdeutsche finstere Prophezeiung ausgesprochen, das geeinte Deutschland werde östlicher und protestantischer sein als die alte Bundesrepublik. Die damit angekündigte Veränderung der Verfassung Deutschlands ist jedoch nicht eingetreten, außer dem trivialen Faktum, daß die Ostgrenze der Bundesrepublik nun ein paar hundert Kilometer weiter östlich verläuft. Sie konnte nicht eintreten, weil alle Sehnsüchte der Ostdeutschen aufs Westliche gingen, weil das Östliche bei den Westdeutschen keinerlei Prestige hatte, weil spezifisch Östliches nur als mühsames Konstrukt älterer, den Nachkriegszeiten verhafteter Intellektueller in den Medien auszumachen war. Und wie hätte auch Deutschland östlicher werden können, da selbst seine östlichen Nachbarn, Polen, Tschechien, Ungarn und die Baltenstaaten, mit Entschiedenheit darangingen, westliche Nationen zu werden, der westlichen Zivilisation sich noch bereitwilliger zu öffnen, als ihnen alle bisherige Geschichte erlaubt hatte?

Protestantischer ist Deutschland nur durch die Zahl der zur Evangelischen Kirche in Deutschland hinzugekommenen Kirchenmitglieder geworden; eine geringe Zahl war es, denn die meisten Ostdeutschen hatten in der vierzigjährigen Herrschaft des atheistischen und kirchenfeindlichen Regimes den Landeskirchen den Rücken gekehrt. Ein Substanzzuwachs war damit nicht verbunden, hat am Bild des immer schwächer werdenden offiziellen Protestantismus nichts geändert, demgegenüber noch der bürgerliche Kulturprotestantismus aus dem späten 19. Jahrhundert als machtvolles, gesellschaftsprägendes Sentiment in der Erinnerung erscheinen mochte.

Daß die Berliner Republik eine andere Verfassung hat als die Bonner, daß sie anders in Verfassung ist, hat mithin andere Gründe und Ursachen.

Einige der Ursachen waren dem genau hinblickenden Auge schon in der alten Bundesrepublik erkennbar, prägen aber erst als deutlich sichtbare Elemente das Verfassungsleben der neuen. Das gilt beispielsweise für die allmähliche Umwandlung der Bürgerrechte im Grundrechtsteil des Grundgesetzes. So schwoll schon seit langem die Tendenz an, die Bestimmung des Artikels 6 GG: »Ehe und Familie stehen unter dem besonderen Schutze der staatlichen Ordnung« durch Gesetz und Rechtsprechung so auszudeuten, daß die Väter der Verfassung im Parlamentarischen Rat 1948 sich nur die Augen hätten reiben können. Nicht nur der Wegfall aller Diskriminierung der nichtehelichen Lebensgemeinschaft, ja die gesellschaftliche bis rechtliche Ächtung solcher Diskriminierung, die allmähliche Gleichstellung der unehelichen Kinder (bis sie eines Tages das volle Erbrecht nach dem natürlichen Vater erhalten, verbunden mit der oft eingeklagten, doch nie bewirkten Ausgleichung der steuerlichen und sonstigen ökonomischen Nachteile von Familien mit Kindern) haben dazu geführt, daß diese institutionelle Garantie des Grundgesetzes überhaupt keinen Inhalt mehr hat, den der Bürger noch erkennen könnte und zu dessen Feststellung es eines sehr findigen Juristenkopfes bedarf. Diese Entwicklung war, ohne in diesem Sinn gewollt zu sein, bereits eine Entwicklung zur Berliner Republik und empfängt von ihr und in ihr noch eine höhere Legitimation, weil sie im Osten längst eingetretene gesellschaftliche Zustände auch mit den sehr viel höheren Zahlen unehelicher Geburten als im Westen als verfassungsrechtliche Realität beglaubigt.

Analoges gilt für die Eigentumsgarantie des Artikels 14 GG. Auch hier war längst von der Bonner Republik Vorkehr für die Berliner getroffen worden. Nach der Rechtsprechung des Bundesverfassungsgerichts sollte unter Eigentum nicht mehr der traditionelle Eigentumsbegriff verstanden werden (bereichert um die Sozialbindung des Grundgesetzes), die Gewährleistung des Eigentums sollte nun auch für verbriefte Ansprüche gegen den Staat oder seine Leistungsträger gelten, etwa im Bereich der Renten, während umgekehrt ein Schutz des Eigentums gegen konfiskatorische Steuerpolitik nicht in rechtliche Erwägung trat. Die nächste Auflösung des Eigentumsbegriffs war eine Folge der Wiedervereinigung selbst, als Alteigentümer aus dem Westen nur bedingt und unter mancherlei Kautelen in ihr im Osten gelegenes Eigentum wieder eintreten konnten. Die von Westeigentümern stark beklagte Einschränkung, als massives Unrecht empfunden, zeigt den Staat gerade nicht als Wahrer des Eigentums, sondern des Besitzes. Schon Goethe hatte genauso die Aufgabe des Staates beschrieben, im Sinne der Erhaltung öffentlicher Ordnung und Ruhe zuerst den Besitz zu schützen, sich dann erst ums Eigentum zu kümmern. Das ist ein kluger politischer Grundsatz, aber eben durchaus unverträglich mit dem Wortlaut des Artikels 14 GG, der sich in der Berliner Republik nun anders liest. Auch wird künftig der Mieterschutz noch feiner entwickelt werden als jetzt, was wiederum Einschränkungen des Eigentumsrechts mit sich bringt.

Das verfassungsrechtliche Versprechen der Garantie der Familie oder des Privateigentums ist, obgleich ohne letzteres noch nie eine freiheitliche Gesellschaft in der Geschichte vorkam, nicht den ersten und eigentlichen Grundrechten zuzurechnen, sondern eher dem unter Verfassungsrechtlern beliebten Begriff der institutionellen Garantie. Die Menschen- und Bürgerrechte im ursprünglichen Sinne schützen und gewährleisten die Freiheit der Person, ihre freie Lebensgestaltung, Rede- und Gewissensfreiheit und die Gleichheit vor dem Gesetz. Eine ohnedies mächtige Tendenz des Zeitalters geht aber dahin, diese individuellen Freiheitsrechte – die nach traditionellem Verständnis der prinzipiell unbegrenzten Freiheit der Person entsprechen, während das Aktionsfeld des Staates als prinzipiell begrenzt gilt – dem Buchstaben nach nicht anzutasten, doch sie in der politischen Realität auf einen minderen Rang zu verweisen gegenüber den Staatszwecken, die in der Massendemokratie hervortreten und die wieder einen Schlußpunkt des liberalen Zeitalters ankündigen.

Eine Landesverfassung in der Berliner Republik hat bereits ein »Recht auf Arbeit« aufgenommen; das Grundgesetz für die Bundesrepublik Deutschland soll verfassungsrechtlich auf das Ziel des Umwelt-

schutzes eingeschworen werden. Wenngleich der-
artigen Bestimmungen eine unmittelbar wirkende
Kraft nicht innewohnt, so werden von ihnen in Zukunft der Auslegungshorizont von Gesetzen und
Verordnungen bestimmt, Handeln und Denken
gesetzgebender, verwaltender Organe präformiert,
und zwar im Konflikt mit den alten Freiheitsrechten
zu deren Nachteil. – Das Schlüsselwort der politischen Gegenwart ist »Grundversorgung«, einst vom
Bundesverfassungsgericht aus medienrechtlichem
Anlaß in den öffentlichen Diskurs eingeführt und
allmählich die praktische Vokabel geworden, auf die
sich alles staatliche Handeln im Innern richten soll.
Für die Berliner Republik ist sie das geheime Ober-
prinzip, an dem sich Erwartung und Rechtsempfin-
den der großen Mehrzahl der Bürger orientieren.

Zur Grundversorgung in der Berliner Republik
wird auch die Herstellung derjenigen Gleichheit gehören, die als sozialverträglich gelten kann. Nach
Artikel 3 GG sind alle Menschen vor dem Gesetz
gleich, es darf niemand wegen seines Geschlechtes,
seiner Abstammung, seiner Rasse, seiner Sprache,
seiner politischen oder religiösen Anschauungen be-
nachteiligt oder bevorzugt werden. Das hat als Frei-
heitsrecht im Grunde immer nur im Verhältnis von
Individuum und Staat gegolten (es gibt freilich weit-
läufige Drittwirkungen der Grundrechte in Theorie
und Praxis), doch schon in der alten Bundesrepublik
informell eingegrenzt von der uralten Anhänglichkeit an Proporz und Parität. Bei einer pluralistisch

bestimmten staatlichen oder halbstaatlichen Institution mag ein Bewerber noch so qualifiziert sein, er kann den angestrebten Posten nicht erlangen, wenn der unmittelbare Vorgesetzte etwa der gleichen Partei angehört. Solche Abweichungen vom Gleichheitsprinzip sind jedem Zeitungsleser geläufig. Nachdem Frauenquoten durchzusetzen gelungen ist, kann es in der Berliner Republik nicht lange dauern, bis auch Quoten für Ostdeutsche förmlich oder bloß praktisch durchgesetzt werden: am Ende kann vom Artikel 3 GG noch die Gleichheit vor dem Gesetz im nacktesten Sinne übrigbleiben, nämlich die vor dem Richter. Auch das ist schon viel.

Desgleichen läßt sich absehen, daß Rede- und Informationsfreiheit in der Berliner Republik anders verstanden werden müssen. Ein großes Gemeinwesen, das eine nationale Identität nur schwer definieren kann, dessen Zusammenhalt durch keinen Druck von außen begünstigt wird, das auch gesellschaftliche Antagonismen nicht mehr in die fraglose Überzeugung eines gemeinschaftlichen Schicksals einbinden kann, wird der Versuchung nachgeben, das elementar Kontroverse am öffentlichen Ausdruck zu hindern, wenn es schon nicht beseitigt werden kann. Vor der gleichen Schwierigkeit stehen die Vereinigten Staaten seit dem Ende ihrer Weltmission und sind sie, zunächst ohne obrigkeitliches Zuschlagen, mit dem gesellschaftlichen Wohlverhaltenskodex der *political correctness* angegangen. Die Bundesrepublik, die sich auf bloß gesellschaftlich wirksame Codices nicht verlassen mag, hat mit dem als Einzelfall zweifellos akzeptablen strafrechtlichen Verbot der »Auschwitz-Lüge«, mit der sich das restliche Nazigesindel gefiel, erst einen Anfang gemacht. Die Berliner Republik, zum Unterschied von der Bonner der äußeren Feinde – vorerst – ledig und frei von der zähmenden Kraft existentieller Bedrohung von draußen (doch gleichfalls als Teil einer modernen Staatengesellschaft zu einem den Bürger verpflichtenden Staatsethos unbegabt), wird weitere Einschränkungen der öffentlichen Ausdrucksfreiheit vorsehen müssen; natürlich nicht durch Änderung des Wortlauts des Artikels 5 GG. Ob man ein Monstrum wie die »multikulturelle Gesellschaft« für die Berliner Republik ins Auge fassen mag oder nicht – gleichviel, es wäre ganz phantasielos zu denken, es könne künftig beim bloßen Schutz von Minderheiten oder minoritären Auffassungen und Verhaltensweisen bleiben. Es wird dieser Schutz vielmehr ausgedehnt werden auf den öffentlichen verbalen Angriff, das Verächtlichmachen, es wird Respektieren mindestens durch Stillschweigen erforderlich sein. In einer politisierten Gesellschaft verlieren die Politiker alles öffentliche Prestige, in einer Mediengesellschaft werden die Medien zunehmend genutzt und verachtet: ein kräftiger Widerstand der Bevölkerung gegen punktuelle Einschränkungen der Meinungsfreiheit, die von der Mehrheit ohnedies als oft mißbrauchte Berufsfreiheit der Medien und der Medienpersonen verstanden wird, ist nicht zu besorgen.

III.
Das Kartell der Garanten

Im Rückblick der politischen Geschichte wird die Bonner Republik dereinst weder als Provisorium noch – nach Theodor Heuss' fragwürdigem Ausdruck – als Transitorium, sondern als sehr selbständiges Kapitel angesehen werden. Der viel wichtigere Unterschied der Verfassung beider Republiken als derjenige der Überwölbung der herkömmlichen Bürger- und Menschenrechte durch das im Grundgesetz nirgends genannte Grundrecht der Grundversorgung ergibt sich aus dem Wegfall der Basis, auf der die Bundesrepublik Deutschland 1949 errichtet worden war und der sie ihre Stabilität verdankt.

Die Basis hatte zwei Elemente: *einmal* das Besatzungsstatut im weiteren Sinne, das mit seiner förmlichen Auflösung 1955 eben nicht verschwunden war, sondern als Ausdruck einer die Bundespolitik nach wie vor bestimmenden Machtlage weitergewirkt hatte und erst mit dem Ende der Teilung Deutschlands und Europas seine Wirkung verlor.

Die Weimarer Republik hatte ihre besten Kräfte im Kampf gegen den Kriegsbeendigungsvertrag von Versailles verbraucht und war aus seinem Schatten nicht herausgekommen. Hitlers zunächst abenteuerlicher, dann krimineller Revisionismus war im Holocaust des Zweiten Weltkriegs gescheitert und hatte die Weltneuordnung von Jalta heraufführen helfen. An der Revision, der Beseitigung von Jalta waren dann nicht nur die unterlegenen Deutschen interessiert, sondern ebensosehr die zuerst unterjochten, dann befreiten, dann wiederum unterjochten Nationen Osteuropas. Sie wurden Opfer von Jalta, als ob sie zu den Anstiftern des Zweiten Weltkriegs gehört hätten. Diese Revison also gelang, weil die Hauptgarantiemacht der Verabredung von Jalta selber zusammenbrach und der Widerstand der Völker immer mächtiger geworden war; und er gelang friedlich und auf Dauer. Die Konsequenz dieses Sieges über Jalta, den sie nur zum kleineren Teil selber errang, hat der deutschen Nation die Rückkehr in die völkerrechtliche und außenpolitische Normalität gebracht. In ihr freilich weiß sie sich noch nicht zurechtzufinden.

Das *zweite* Element der Basis der alten Bundesrepublik war das tiefe, nirgends urkundlich festgehaltene Einverständnis der nach dem Zweiten Weltkrieg noch handlungsfähigen oder wieder handlungsfähig gewordenen Organismen der westdeutschen Gesellschaft über Form und Aufgabe des neuen Staates. Dieses Einverständnis, der innere Pfeiler der westdeutschen Stabilität, wird die Berliner Republik nicht stützen können. Das liegt nicht daran, daß das Einverständnis aufgekündigt worden wäre; vielmehr haben seine Teilnehmer die Kraft eingebüßt, Pfeiler zu sein.

Beginnen konnten die deutschen Staatserbauer und

gesellschaftlichen Garanten mit dem historisch begründeten Stolz, in ihrer Legitimation der westdeutschen Bundesrepublik vorherzugehen, die sie seit
1949 stabilisierten. Ihr Werk war wie das des Parlamentarischen Rates von 1948, der das Grundgesetz zu
formulieren hatte, von Anfang an begleitet von der
Zustimmung der Bevölkerung, die mit den Erfolgen
bei Staats- und Wirtschaftsaufbau zu einem Grad an-
wuchs, den die Weimarer Republik nie erreicht hatte.
Fragen nach einer Alternative erschienen damals als
gänzlich unerheblich, bis hin zur Akzeptanz der
in den zwanziger Jahren noch heftig umstrittenen
Staatsfarben und Staatssymbole. Zu dem gesellschaftlichen Unterbau, dem deutschen Pfeiler der
Stabilität der Bundesrepublik, zählte praktisch alles,
was sich sogleich nach dem Krieg in Westdeutschland
organisieren konnte; doch am mächtigsten und am
wichtigsten waren dabei die politischen Parteien, die
Kirchen und die Gewerkschaften. Sie alle verlautbar-
ten, bei voller Anerkenntnis der Verbrechen des NS-
Regimes, das Selbstbewußtsein derjenigen, die an
diesen Verbrechen keinen tätigen, keinen anstiften-
den Teil gehabt hatten, sondern – mehr oder weniger
– dem Lager der Gegnerschaft der Diktatur zuzurechnen waren und von ihr teils zur Verfolgung ausersehen.

Das Einverständnis der gesellschaftlichen Groß-
gruppen als innenpolitische Basis der Staatsgründung
hatte zur natürlichen Folge, daß sie innerhalb des
Staates förmlich oder informell eine privilegierte

Stellung erwarteten und erhielten: Die Gründungs-
parteien definierten den Verfassungsbogen, sie bestimmten nämlich, was im Rahmen der Verfassung
als politisch legitim angesehen werden könne, daß die
Kirchen ihre faktische und rechtliche Stellung mit
umfassendem Öffentlichkeitsanspruch auszubauen
vermochten wie seit den Zeiten der Monarchie nicht
mehr und daß den Gewerkschaften weit über ihre
Kernaufgabe hinaus, Arbeitnehmerinteressen zu
bündeln und zu vertreten, eine Art gesellschaftliche
Universalkompetenz zuwuchs; sie wurden zu politischen Teilnehmern an praktisch allen großen innenpolitischen Entscheidungen. Es braucht nur in Klammern angemerkt zu werden, daß aus Paritätsgründen
auch den Verbänden, die den Gewerkschaften gegen-
überstanden – wie dem Bundesverband der Industrie
und der Bundesvereinigung der Arbeitgeberver-
bände sowie auch dem Deutschen Industrie- und
Handelstag –, öffentlich politische Funktionen zufie-
len, die sie selbständig nicht hätten erlangen können.
Das politische Grundeinverständnis dieser Garantie-
mächte des neuen Staates galt einmal der Bundesrepublik Deutschland selber, die der Teilung zum
Trotz zu einem voll funktionsfähigen westdeutschen
Staat ausgestattet werden sollte. Er hielt die deutsche
Frage als politisches Ziel offen, gab die Wiedervereinigung als Verfassungsziel nie auf, dachte aber
gleichwohl nicht daran, für eine spätere Wiedervereinigung schon beim Staatsaufbau strukturelle Vor-
kehrungen zu treffen, die einen späteren Anschluß

der DDR erleichtern könnten. Freilich war an der nur einen deutschen Staatsangehörigkeit ebenso festzuhalten wie daran, daß nur die Bundesrepublik Rechtsnachfolger des Reiches und Inhaber der historischen Legitimität sei.

So natürlich es war, daß der Club der Gründer aus Parteien, Gewerkschaften und Kirchen in die neue Verfassung als gesellschaftliche Macht einrückte, so natürlich war auch seine Abneigung, später neue Mitglieder in seinen informellen Kreis aufzunehmen. So durfte es links von der SPD sowenig Wählbares geben wie rechts von der CDU/CSU, so konnten sich kleinere Parteien in der Mitte des Feldes nur zeitweise als Anhängsel anderer notdürftig behaupten wie etwa Zentrum, Deutsche Partei oder der Bund der Heimatvertriebenen und Entrechteten; sie waren allesamt nach wenigen Jahren ebenso vergessen wie die Gesamtdeutsche Volkspartei oder mehrere Gründungsversuche am rechten und linken Ende des offiziellen Spektrums.

Das nämliche Bild gab es bei den Gewerkschaften. In der Weimarer Republik hatte es deren eine Vielzahl gegeben, aufgespalten nicht nur nach Interessen, sondern auch nach Gesinnungen. Nun gab es, ganz unbewußt von der Arbeitnehmergemeinschaftsvertretung der Nazis profitierend, der Deutschen Arbeitsfront, nur noch die Gewerkschaften, die sich im Deutschen Gewerkschaftsbund versammelt hatten, förmlich an keine Partei oder politische Gesinnung gekettet waren (doch die gleiche Nachbarschaft zur

SPD hielten wie die Wirtschaftsverbände zu CDU/ CSU und FDP). Alle Versuche, wieder christliche Gewerkschaften zu Teilnehmern des sozialen Prozesses zu machen oder liberale Gewerkschaftsvereine erneut zu beleben, schlugen fehl oder wurden erst gar nicht unternommen; nur die Deutsche Angestelltengewerkschaft konnte sich, gestützt auf den alten sozialen Antagonismus, der in den Gründungsjahren noch relevant war, dauerhaft behaupten.

Den Kirchen als Paten der Bundesrepublik war es zuerst nicht leichtgefallen, sich in einem nur westdeutschen Staat bündig einzurichten. Vornehmlich die evangelischen Landeskirchen brauchten lange Zeit anzuerkennen, daß »Evangelische Kirche in Deutschland« nur Evangelische Kirche in Westdeutschland war, und haben in all den folgenden Jahren (wie die Katholische Kirche auch) lebhafte, vornehmlich unterstützende Verbindungen zu den Kirchen Ostdeutschlands gehalten. Sie neigten ob dieser Verbindung auch dazu, immer wieder Gesichtspunkte in den politischen Diskurs der Bundesrepublik einzuschleifen, die der von Bundeskanzler Adenauer energisch begonnenen, aber von allen Bundesregierungen fortgesetzten Westbindung mit Vorbehalt begegneten. Doch dann waren sie schließlich mit dem westdeutschen Staat aufs engste verbündet, so daß konsequenterweise auch ein Militärseelsorgevertrag für die Armee der Bundesrepublik, die Bundeswehr, zustande kam. Ihr gesellschaftlich-politisches Mandat war den Kirchen seit dem Zusammenbruch des Reiches selbstverständlich, gewissermaßen Teil ihrer Seelsorge geworden, hatte sich in Verfassungs- und Staatspraxis der Bundesrepublik verfestigt. Neben dem öffentlich-rechtlichen Status, dem Recht, Kirchensteuern zu erheben und mit Staatsmitteln beitreiben zu lassen, wurden mancherlei Rechte, vornehmlich im Bildungswesen, in Konkordaten und Staatsverträgen verankert. Mit den Rundfunkgesetzen für die öffentlich-rechtlichen Sendeanstalten erhielten sie ebenso feste Plätze in den Gremien wie die anderen Teilnehmer des gesellschaftlichen Gründungseinverständnisses auch; dazu die gleichen Patronagemöglichkeiten. Die Kirchenartikel der Weimarer Verfassung, die eher eine laizistische gewesen war, wurden zwar ins Grundgesetz übernommen, doch in einen anderen Beziehungsrahmen eingebettet, der nach übereinstimmender Meinung von Rechtssprechung und -lehre den Status der Kirchen positiv veränderte. Die Zahl ihrer Privilegien ist nicht leicht zu fassen; sie reichen von der Freistellung des Theologiestudenten vom Wehrdienst bis zur Einschränkung des geistigen Eigentums im Urheberrecht, das den Kirchen Zugriffe gestattet wie sonst nur dem Staat bei Schulbüchern.

IV.
Das Ende der Parteiendemokratie

Europa ist in den fünfziger Jahren im wesentlichen von drei Männern begründet worden. Adenauer war Vorsitzender der Christlich-Demokratischen Union Deutschlands und Bundeskanzler, Alcide de Gasperi Anführer der Democrazia Cristiana in Italien und Premierminister, Robert Schuman Vorsitzender des christdemokratischen Mouvement Républicain Populaire und französischer Außenminister. Der MRP ist längst untergegangen, die DC-Nachfolger haben seit neuestem nur knapp über zehn Prozent der Parlamentssitze in Rom und nicht den geringsten Einfluß mehr; allein die CDU besteht noch als gestaltende politische Kraft.

Ähnliche grundlegende Veränderungen kündigen sich in anderen Ländern, bei anderen Parteien an. Die ÖVP ist in einigen Bundesländern Österreichs schon nur noch Dritte, die Sozialisten in Frankreich befinden sich in der Umwertung aller Werte, die alten Liberalen sind entweder ganz verschwunden wie in Italien, unter dem Dach anderer Parteien untergekommen wie in Frankreich oder haben sich in Rechtsparteien verwandelt wie in Österreich. Mit anderen Worten: das Parteiensystem der Nachkriegszeit hat sich im wesentlichen nur in Deutschland erhalten können, ebenso wie das viel ältere in Großbritannien stabil geblieben ist. Eine Reihe kleiner Beben kündigt an, daß auch unsere herkömmliche Parteientrias nicht für Jahrhunderte gebaut ist. In den letzten Jahren hat es schon sichtbare Veränderungen gegeben, die jetzt noch unsichtbare ankündigen. Unser Verhältniswahlrecht läßt neue Gruppierungen entstehen und ins Parlament gelangen, die beim englischen (und neuerdings auch beim italienischen) Wahlsystem keine Chance erhielten. Davon haben die Grünen profitiert, die entgegen ursprünglicher Erwartung nicht die Partei nur einer Generation geblieben sind, sondern die jenseits des Ökologischen, das die alten Parteien längst in ihr Repertoire übernommen haben, ideale Gesinnungen bündeln können, die ihnen auf lokaler wie auf Landesebene ein verläßliches Überleben sichern und auch immer wieder einen Einbruch in die Bundespolitik.

Die Attraktivität der Grünen ist ja nicht, wie ursprünglich angenommen, auf eine verlorene Generation beschränkt, die Enttäuschten von '68, sondern hat in der politischen Konstellation einen Platz, der auf längere Dauer angelegt ist. Sie stellt nämlich eine Gruppierung dar, die undogmatisch und traditionsfrei aussieht, das Richtige wollend, aber ohne den Stallgeruch und die Phraseologie der alten Parteien. Diese echte oder vermeintliche Offenheit für aktuelle Problemstellungen und Lösungsmöglichkeiten bei gleichzeitiger Abwendung von traditionellen Mechanismen und der Kleinbürgerlichkeit der westdeut-

28

schen Gesellschaft ziehen gerade die jungen Leute an, die nicht wahrnehmen können, daß sie selber in eine neue Kleinbürgerlichkeit sich einspinnen.

Ähnliches gilt für die PDS, die als ostdeutsche Regionalpartei ein Identitätsbewußtsein ausdrückt, das die anderen dort nicht vermitteln – und absurderweise auch einen politischen Puritanismus, über den die weltläufigen Altparteien nicht verfügen.

Daß gerade in den katholischen Ländern die christlich firmierenden Parteien verschwunden sind, ist auch für die CDU ein böses Omen. Das C wird, je mehr die Jahre ins Land gehen, für sie zur Belastung. Die katholische Soziallehre hat nirgends mehr Einfluß, die politischen Stellungnahmen der Kirche sind ganz punktuell geworden und finden bei den Medien ein stärkeres Gehör als im Publikum. Die CDU kann programmatisch überhaupt nichts mehr aussagen, das sich in einleuchtender Weise mit der christlichen Religion verknüpfen ließe; ihre Kohäsion beruht darauf, daß sie einigermaßen effizient regieren, sich als politischer Leistungsträger legitimieren kann. Exakt der gleiche Befund, wenn auch aus anderen Gründen, gilt für die Sozialdemokraten. Niemand kann mehr sagen, was gegenwärtig Sozialismus heißen soll; ein paar Phrasen von Partei der Menschenfreundlichkeit und Gerechtigkeit können das ideologische und intellektuelle Vakuum der SPD nicht verhüllen.

Und die FDP? Unabhängig von der politischen Sympathie oder Abneigung des einzelnen, wäre der

Erhalt der FDP in der Bundespolitik nützlich für unser politisches System. Daß dieser Tatbestand verdunkelt werden konnte, liegt zum großen Teil an der Partei selbst, die ihre eigene Aufgabe und Identität nicht mehr recht versteht. So wehrt sie sich gegen den Begriff »Wirtschaftspartei«, obgleich sie ganz wesentlich die Partei der Marktwirtschaft ist, und zwar die einzige, die stets als zuverlässig gelten konnte. Die Freiheitsrechte der Bürger, die zu vertreten sie sich aufs Panier geschrieben hat, faßt sie mittlerweile eher falsch auf; sie kämpft gegen den sogenannten großen Lauschangriff und ähnliche Instrumente zur Bekämpfung der Kriminalität und hat dabei nicht erkannt, daß der Bürger von heute keine Angst mehr hat vor der Polizei, vielmehr vor dem Finanzamt und einer ihn reglementierenden Bürokratie. Zudem ist die FDP in Gefahr geraten, ihr Personal eher aus dem öffentlichen Dienst zu rekrutieren als aus der Wirtschaft: Doch ihre jüngeren Wähler kann sie nur unter den Berufsanfängern finden, die sich für die Privatwirtschaft entscheiden, nicht bei denen, die in den Staatsdienst gehen – die wählen Grün, bis sie Ministerialdirektor sind.

Was die FDP im politischen System der Bundesrepublik unentbehrlich macht, folgt hauptsächlich aus zwei Gründen. Der Titel »Mehrheitsbeschaffungspartei«, der sie verächtlich machen sollte, ist in Wahrheit ein Ehrentitel, denn die FDP machte durch Koalitionen mit der CDU/CSU oder den Sozialdemokraten nicht bloß jeweils stabile Regierungen möglich, sondern sie hinderte auch jeweils die beiden großen Parteien daran, ihre Programme zu verwirklichen. In einem sozialliberalen Bündnis sorgte sie dafür, daß es nicht allzu sozialdemokratisch zuging, und im Bündnis mit der CDU/CSU, daß deren linker Flügel nicht überbordete und ihr antiliberaler Grundzug sich nicht in gesetzlichen Gängelungen niederschlug. In beiden Koalitionsmöglichkeiten war es die FDP, die die wirkliche Mehrheit beschaffte, nämlich den Willen der Bevölkerungsmehrheit zur Grundlage der Politik machte; denn in der Bevölkerung gibt es keine Mehrheit für sozialdemokratische Reformprogramme oder intensiv christliche Wertvorstellungen im Bundesgesetzblatt.

Der zweite Grund der Unentbehrlichkeit der FDP war der der Balance des Parteiensystems. Sollte nämlich die FDP verschwinden und die PDS für die SPD immer akzeptabler werden (die Rechten aber nicht für die CDU), so kann sich mit den Grünen zusammen eine antibürgerliche Parlamentsmehrheit als dauerhaft herstellen.

Noch steht das Parteiengebäude der Bonner Republik, aber die Statik trägt nicht mehr, die Abbruchreife ist in den Rissen sichtbar. Nach Kohl ist die CDU gefährdet, der präsumtive Nachfolger Schäuble wird sie jedenfalls nicht stabilisieren können. Und irgendwann werden Wähler der Erfolgspartei der Nachkriegszeit sich von ihr dauerhaft abwenden wie von der SPD, die in fünf Jahrzehnten nicht wesentlich über das Ersatzprofil einer Machtabwechslungspartei hinausgekommen war. Das bedeutet zugleich, daß die Berliner Republik nicht Parteienstaat im gleichen Sinne sein kann, wie es die Bonner Republik zum Verdruß ihrer Bürger immer stärker geworden war. Die Altparteien hatten nach guter parlamentarischer Tradition das imperative Mandat stets abgelehnt – und selbst die Grünen haben im Lauf ihrer Professionalisierung die ursprüngliche Sympathie dafür aufgegeben. Doch hatten sie statt dessen das autonome Mandat eingeführt: Wir handeln richtig, das Volk braucht bloß zuzustimmen.

In dem vorhersehbaren Parteienpluralismus der Zukunft wird der Gedanke an absolute Mehrheiten einer Partei sein wie Sagenklang aus fernen Zeiten. Eine Partei wird als groß gelten, wenn sie bei einer Wahl 35 Prozent der Stimmen erreichen kann; eine Wahlbeteiligung wird als demokratisch legitimierend und ausreichend angesehen werden, wenn sie über 60 Prozent liegt. Das Publikum wird sich daran gewöhnen, daß prinzipiell keine Parteienverbindung bei Mehrheitsbildungen unmöglich ist. Die immensen, für freiheitliche Gesellschaften weltweit einmaligen Patronagemöglichkeiten werden sich nicht wiederherstellen lassen – von den Rundfunkanstalten über kommunale Unternehmungen, Selbstverwaltungsvertretungen des Sozialstaats bis in die niedersten Ränge der Verwaltung und die mittleren der Justiz –; auch deswegen nicht, weil die Zahl der Jüngeren, die sich von einer politischen Partei fördern lassen wollen, geringer werden wird, und das Beispiel der Grünen lehrt, daß in der Politik auch reüssieren kann, wer im Pöstchenverteilen nicht eine Hauptaufgabe sieht.

Freilich wird der überkommene Parteienstaat auch durch jenes Element wiederum stabilisiert, das die Parteienverdrossenheit ausgelöst und seinen Untergang eingeläutet hat. Die so ausgiebig und ausdauernd geübte Patronage der Altparteien wird dazu beitragen, daß ihr Niedergang sich langsamer vollzieht, nicht so rasch wie in Frankreich oder gar so konvulsivisch wie in Italien. Diese Patronage, die überwiegend die Formen der Legalität gewahrt hat und nur ausnahmsweise in strafrechtlich relevante Korruption übergegangen ist, hat nämlich eben wegen ihrer nur in einer hochdezentralisierten politischen und gesellschaftlichen Verfassung möglichen Ausdehnung eine besonders große Anzahl von Begünstigten (samt Angehörigen) betroffen. Mithin ist das Reservoir derjenigen, die am Erhalt der Macht- und Einflußpositionen der alten Parteien noch auf viele Jahre existentiell interessiert sind, viel größer als in irgendeinem der Länder, mit denen Deutschland sich vergleichen läßt.

V.
Kirchen und Gewerkschaften

Noch deutlicher als bei den politischen Parteien – in dem einen Falle weniger kräftig wahrnehmbar fürs öffentliche Bewußtsein als im andern – hat sich die Erosion der die politische Stabilität garantierenden Macht bei den beiden weiteren großen Teilnehmern des Grundeinverständnisses der alten Bundesrepublik vollzogen. ·

Der Niedergang der Kirchen und ihres gesellschaftlichen Einflusses – übrigens kein deutsches, sondern ein international überall feststellbares Phänomen, vornehmlich wo es sich um staatlich oder sozial privilegierte Religionsgemeinschaften handelt – ist dermaßen evident, daß kaum Belege beigebracht werden müssen. Von der zugrunde liegenden inneren Krise ist im politischen Zusammenhang nicht zu reden, hingegen die Feststellung nicht überflüssig, daß die insgesamt nicht erfolglose Abwehr eines ihr feindlichen Zeitgeistes der katholischen Kirche zwar eine vergleichsweise intakte innere Verfassung, auch eine immer noch starke Kohäsion der Anhängerschaft bewahrt hat, aber für ihren Status als Mitgestalterin der öffentlichen Angelegenheiten so gut wie nichts bedeutet. Von intakter innerer Verfassung oder Kohäsion der Anhängerschaft kann bei der evangelischen Kirche ohnedies nicht mehr gesprochen werden, die seit vielen Jahren jeder Zeitströmung sich öffnete, statt eine eigene auszusenden. Ihre starke Position im Bildungswesen hatten die Bistümer schon frühzeitig und ohne wirkliche Not geräumt, doch war beiden Kirchen eine Mitwirkung an der Bildungspolitik lange Zeit selbstverständlich geblieben. Schon in den siebziger Jahren fand sie nur noch ansatzweise statt, beschränkte sich bei der katholischen Kirche vornehmlich auf die Wahrung konkordatärer Rechte gegenüber theologischen Fakultäten der Universitäten, manifestierte sich nach der Wiedervereinigung noch einmal im Insistieren auf dem Religionsunterricht als ordentlichem Lehrfach, während schon der Inhalt desselben ihnen beinah allenthalben entglitten war. In den ersten zwanzig Jahren der Bonner Republik konnte kaum ein Wahltag ins Land gehen, den nicht die katholischen Bischöfe mit einem Hirtenwort begleitet hätten. Solche Hirtenbriefe wurden, da ihnen bedeutender Einfluß aufs Wahlverhalten zugeschrieben war, von den durch sie benachteiligten Parteien heftig bekämpft. Später mochten dann die Begünstigten sich nicht mehr über diese Verlautbarungen freuen, eher nachteilige als vorteilhafte Wirkungen besorgend; längst gibt es sie nicht mehr. Hatte die evangelische Kirche in den Auseinandersetzungen um die Wiederbewaffnung und die Formulierung der Ostpolitik eine Stimme, die als kraftvoll und bewegend von der Nation gehört wurde (und in ihrer »Kammer für öffentliche Verantwortung« ein für dergleichen sehr tüchtiges Instrument), so wußte sie in den späteren Jahren zum politischen Diskurs nichts mehr beizutragen, das noch Gehör gefunden hätte. Wie sehr sich die Lage der katholischen Kirche in wenigen Jahren verändert hat, zeigt das unliebsame Aufsehen, das sie mit dem selbstverständlichen Beharren darauf erregt, die an ihren Institutionen, etwa Krankenhäusern, tätigen Personen sollten ihre sittlichen Grundsätze nicht öffentlich mißachten, während sie gleichzeitig hinnehmen muß, daß ihr zugerechnete, als gut katholisch firmierende Politiker christlicher Parteien ebendiese Grundsätze Grundsätze sein lassen. Die Klugheit gebietet heute der Kirche, gegenüber solchem Verhalten ein schmerzliches Schweigen zu bewahren. Ein katholisches Votum in der Politik, das zählt und gezählt wird, gibt es auf der Schwelle zur Berliner Republik nicht mehr. Und wo, ganz punktuell, eine politische Entscheidung sich noch an katholischen Auffassungen orientiert (wie in den Abtreibungsentscheidungen von Parlament und Oberstem Gericht), ist dahinter eher die Stimme der katholischen Gewissen von einzelnen zu vernehmen als die der Kirche. Für ihre Lage ist kennzeichnend, daß das medienwirksame Hervortreten einiger weniger Dissidenten wie Uta Ranke-Heinemann oder Eugen Drewermann in der allgemeinen wie in der katholischen Öffentlichkeit mehr Aufmerksamkeit und Teilnahme findet als der Episkopat der Weltkirche zusammen, der Papst freilich ausgenommen. Die 17 Millionen Deutsche, welche die Bundesrepublik durch die Wiedervereinigung hinzugewonnen hat, gehören in ihrer großen Mehrzahl einer christlichen Kirche nicht an und sind offenbar für deren Botschaften nicht erreichbar. Die Rolle der Kirchen in der Berliner Republik wird mit dem Wort »marginal« nicht unfreundlich beschrieben.

Von einer marginalen Rolle des DGB und seiner Einzelgewerkschaften wird allerdings in der kommenden Berliner Republik nicht gesprochen werden können. Die Rolle der Gewerkschaften im Sozialsystem Deutschlands bleibt bedeutend, die Rolle der Gewerkschaftsbewegung im ganzen als einer der ehemals großen Gewährsträger der Politik und des Staates aber nicht. Zu Beginn der Bundesrepublik hatten der DGB und die ihm angeschlossenen Gewerkschaften eine Position inne, wie sie die Gewerkschaften nie zuvor in der deutschen Geschichte besessen hatten und die auch im internationalen Vergleich ohne Beispiel war. Ebenso wie die Kirche und die Altparteien oder deren Weimarer Vorläufer waren freie Gewerkschaften vom Nationalsozialismus verfolgt und aufgelöst worden. Sie hatten, wenngleich nicht als Organisation (die eher kläglich endete), aber in der Person vieler beherzter Mitglieder am Widerstand teilgenommen und konnten zu Recht als eines jener großen Elemente gelten, die aus genuin deutschem Bestand für den Aufbau einer demokratisch gesinnten Gesellschaft und ihres Staates bereitstanden. In den ersten Dezennien der Bundesrepublik nach 1949 hat der

DGB diese Aufgabe als Verleihung einer politischen Universalkompetenz angesehen und weit über die Arbeitnehmerinteressen hinausgehend wahrgenommen. Er hat sich nie beschränkt gesehen auf die Rolle des Sozialpartners, der in friedlicher oder streitiger Auseinandersetzung mit Verbänden der Industrie oder der Arbeitgeber um das gute Recht der Arbeiter und Angestellten kämpfte, sondern sich zu allgemeinen politischen Themen machtvoll zu Wort gemeldet – mit einer Selbstverständlichkeit, welche die Frage, was eigentlich das Votum von Gewerkschaften in der Außen-, Sicherheits- oder Bildungspolitik zu suchen habe, gar nicht mehr hat aufkommen lassen. Diese Teilnahme am allgemeinen politischen Diskurs und die gelegentliche Einflußnahme auf politische Entscheidungen sind für die Bundesrepublik durchaus wohltätig gewesen: angesichts der von den Parteien nicht gewollten, aber herbeigeführten Schwäche des Parlaments als des obersten Ortes öffentlicher Meinung und politischer Integration ist nämlich ebendiese Integration eines entscheidend wichtigen Teils der Bevölkerung in den politischen Prozeß und seine Resultate besonders wichtig geworden.

Diese Rolle ist den Gewerkschaften zunehmend entglitten. Schon ein Jahr vor Gründung der Bundesrepublik hatte der DGB organisatorisch und politisch mit der kommunistischen Regimegewerkschaft der sowjetisch besetzten Zone gebrochen und mit seiner Beschränkung auf das Gebiet der Bundesrepublik – analog den Entwicklungen bei den politischen Parteien – eine der wichtigsten inneren Voraussetzungen für die Gründung des westdeutschen Staates geschaffen. Er ist auch in der Folgezeit ein verläßlicher Kämpfer gegen politischen Extremismus geblieben und hat durch die insgesamt harte und klare Abgrenzung gegenüber dem Kommunismus die Staatsräson der Bundesrepublik kräftig verteidigt. Auch diese Grundlage seiner politischen Legitimität ist im Zug der Zeit dahingeschmolzen. Der politische Abstieg der Gewerkschaften auf den normalen Status der Arbeitnehmerorganisation in der Sozialverfassung kann schon durch die Namensnennung seiner Vorsitzenden illustriert werden. Hans Böckler konnte noch mit dem Kanzler Adenauer als eine wichtige Gestalt der deutschen Politik verkehren, allgemeine politische Fragen mit der Bundesregierung verhandeln – seine Nachfolger, als Personen oft auch wenig eindrucksvoll, konnten es nicht mehr. Die Gewerkschaftsführer Walter Freitag und Ludwig Rosenberg sind dem öffentlichen Bewußtsein noch in schwacher Erinnerung, die Namen Christian Fette, Heinz Oskar Vetter oder Ernst Breit sind heute schon fast vergessen; und der des gegenwärtig amtierenden Vorsitzenden fällt nur den hingebungsvollsten Zeitungslesern ein.

Daß der DGB in den komfortablen Sitzordnungen des deutschen Pluralismus, in der unübersehbaren Vielfalt der Proporz- und Paritätsgremien des staatlich-gesellschaftlichen Lebens stark vertreten ist und mangels neu hinzutretender Gruppierungen auch bleiben wird, bedeutet für ihn sowenig wie für die in gleicher Lage befindlichen Kirchen oder Parteien. Es sind gewissermaßen Orden und Ehrenzeichen, die über vergangene Verdienste und Würden einiges aussagen, doch wenig für die Gegenwart, noch weniger für die Zukunft. Zu den großen Gegenständen der öffentlichen Debatte in Deutschland vor der Vereinigung hat der DGB sowenig beigetragen wie zur Herstellung der Einheit und zur Überwindung ihrer Schwierigkeiten selbst; zur Umweltpolitik wie zur Arbeitslosigkeit, zur feministischen Bewegung wie zu den Bildungsreformen sind vom DGB pflichtgemäß Papier und Stellungnahmen produziert worden, doch keine Gedanken. Keine nennenswerte Initiative, kein beachtenswerter Anstoß ist ihm zu verdanken gewesen. Seine Macht als Arbeitnehmerorganisation wurde immer mehr zur Blockade, zur bloßen Besitzstandswahrung eingesetzt. Was für alle politischen Interessenverbände gilt, gilt auch für die Gewerkschaften: Ein Verband mit vornehmlich defensiver, negativer Strategie kann keine große Anhängerschaft mobilisieren oder inspirieren und keine Drittwirkung über den Kreis der unmittelbaren Adressaten hinaus herbeiführen.

Dem Rückblickenden legt sich die Vermutung nahe, daß Kirchen, Parteien und Gewerkschaften das jahrzehntelange öffentliche Mitreden, Mitverantworten, Mitregieren weit über die originäre Aufgabe hinaus im Verhältnis zu den ihnen Anvertrauten nicht wohl bekommen ist. Es war im Interesse des Gemeinwesens nützlich und notwendig, aber nicht ebenso nützlich für sie selber, die sie nach vier Jahrzehnten ausgezehrt, fast schwindsüchtig im Vergleich zur prallen Körperfülle von vordem dastehen. Beim Eintritt in die Berliner Republik zeigt sich auch ihre tiefe Erschöpfung im Führungspersonal. Hoffnungsfrohes Talent können sie kaum noch an sich binden, fast erwartet es niemand mehr. Das gilt von den Gewerkschaftsführern wie vom Episkopat. Die Zeiten, da Gläubige und Ungläubige zu Männern wie Julius Döpfner und Josef Frings blickten, sind lange vorbei. Bei den Evangelischen ist auf Dibelius, Lilje und Niemöller immer mehr das verläßliche Maß blasser Administratoren gefolgt. Um die politischen Parteien steht es besser, wenn auch nicht gut.

VI.
Die instabile Normalität

Fast ein halbes Jahrhundert hat es gedauert, bis die Deutschen nach dem größten Krieg der Geschichte, den ihre Führer selber angezettelt hatten, wieder in eine Normalität zurückkehren, die auf unabsehbare Zeit die ihrige sein wird, auch wenn sie sie als solche noch nicht wahrnehmen. Einen ähnlichen Bruch, eine ähnliche Unterbrechung ihrer Historie, gleichfalls verbunden mit tiefer moralischer und intellektueller Erschöpfung und – stärker als im 20. Jahrhundert – auch ökonomischer, hat es vordem nur einmal gegeben: den Zustand der deutschen Territorien nach dem Dreißigjährigen Krieg 1648.

Normalität, also Berliner Republik statt Bonner Bundesrepublik, heißt vor allem Normalität der Instabilität. Zum ersten Male nach dem Ende des Zweiten Weltkrieges kann die deutsche Republik ihre Staatsräson nicht mehr im Hinblick auf ein Bündnis und einen äußeren Feind bestimmen. In den neunziger Jahren verlassen nach vierzigjähriger Präsenz die Truppen der ehemaligen Feindmächte mitsamt ihrem Konvolut von Vorbehaltsrechten (und jenen Einwirkungsmöglichkeiten, die auch ohne irgendeine völkerrechtliche Abmachung bloß dank physischer Anwesenheit bestanden) das Land. Fremde

Soldaten werden in Deutschland nur noch als Mitglieder von Gemeinschaftseinheiten vorkommen, die mit deutscher Einwilligung, auf deutsche Einladung, gebildet werden. Die auswärtige Politik wird sich nicht mehr primär am Sicherheitsinteresse orientieren und wird sich auch nicht, wie beim Abschluß des Maastrichter Vertragswerkes über die Europäische Union von den sehr Verwegenen oder sehr Zaghaften erhofft, in eine *europäische* Außenpolitik einbetten lassen, weil es eine solche erst geben wird, wenn eine für ganz Europa bedrohliche Weltlage entstehen sollte.

Welche Schwierigkeiten der Übergang in die außenpolitische Normalität der Bundesrepublik bedeutet, ist den Deutschen in den ersten Jahren nach der Wiedervereinigung an zwei Beispielen eindrucksvoll vorgeführt worden. Das erste war die närrische, nur im deutschen Ambiente denkbare Diskussion über den künftigen »Auftrag der Bundeswehr«. Daß eine Armee überall den gleichen und selbstverständlichen Auftrag hat, nämlich die Sicherheit ihres Landes gegenüber äußeren Bedrohungen zu gewährleisten und die auswärtige Politik des Landes, falls erforderlich, militärisch zu unterstützen – und daß also eine Armee zu den selbstverständlichen natürlichen Attributen der Staatlichkeit gehört, kam gar nicht in den Sinn. Natürlich schien vielmehr die Überlegung, daß die Existenz einer bewaffneten Macht einer *besonderen* Legitimation bedürfe, die für die Gründung der Bundeswehr in der Tat in der kommunistischen Bedrohung und der Aufforderung der Westmächte, zu ihrer Eindämmung einen deutschen Beitrag zu leisten, gegeben war. Das zweite Beispiel, aus der nämlichen Periode, lieferte der plötzlich virulente und gewalttätig hervorbrechende Rechtsextremismus. Charakteristisch für diesen Rechtsextremismus aus äußerster moralischer und intellektueller Verkommenheit war nicht, daß er sich als Manifestation des von der amtlichen Politik mißachteten Selbsterhaltungstriebes der Nation verstand – das tut der nationalistische Exzeß, wo immer er aufbricht –, sondern daß die Rechtsextremisten weder in den Erklärungen der ihnen zuzuordnenden kleinen Parteien noch in den Manifestationen ihrer marodierenden Banden irgendeine Vorstellung von nationalen Zielen, von einem auf entschiedene Weise wahrzunehmenden nationalen Interesse Deutschlands verlautbaren konnten. An dergleichen war bei den nationalistischen Strömungen im Wilhelminismus, in der Weimarer Republik bis hin zu Hitlers Bewegung nie ein Mangel gewesen. Auch die Antwort der deutschen Gesellschaft und der deutschen Politik auf diesen barbarischen und vollständig gedankenfreien Rechtsextremismus war keine politische, sondern nur eine ohne Zweifel berechtigte und gelegentlich eindrucksvolle moralische. Die Überzeugung jedoch, daß es ein nationales Interesse Deutschlands gebe und daß dieses von den demokratisch Berufenen der Bundesrepublik vielleicht mit Klugheit und Energie, aber doch jedenfalls der Absicht nach vertreten werde, war im Repertoire der

44

Reaktionen nicht vorrätig. Es schien, als habe die alte Bundesrepublik gar kein nationales Interesse gehabt, als sei schon das Wort auf sie unanwendbar gewesen. Selbst die Nachdenklichen mochten meinen, daß jedenfalls mit der Wiedervereinigung sich die Frage eines nationalen Interesses Deutschlands nicht mehr stelle, weil seine letzte denkbare Forderung nun erfüllt worden sei. Daß es ein nationales Interesse gibt, solange es eine Nation gibt, die mehr als ihre Selbstauflösung im Programm hat, wird die auswärtige Politik der Berliner Republik noch erfahren.

Wenn es ein verstecktes nationales Interesse noch gegeben hätte, und zwar in seiner Wahrnehmung nach innen und außen, so hätte es im Fall der Rechtsextremisten ein rasch konzertiertes und bei aller Rechtsstaatlichkeit rigoroses Dreinschlagen statt der üblichen Empörungsreden und moralischen Exhortationen der Politiker geben müssen – aber zum Vergessen des nationalen Interesses gehört auch die verlorene Erfahrung in der Kunst effektiver Repression.

Die deutsche Außenpolitik hat sich in der Bonner Republik mit Geschick und Erfolg auf die Herstellung größerer Selbständigkeit und möglichst gleichberechtigter Mitwirkung in den westlichen Bündnissen (neben dem Verfolg der deutschen Wirtschaftsinteressen) ausgerichtet und dabei, zum Heile Deutschlands, insgesamt bloß als Parallelaktion westlicher Außenpolitik, insbesondere der amerikanischen, verstanden. In der Berliner Republik aber wird sie Parallelaktion nicht mehr sein können, weil nach dem

Zusammenbruch des Sowjetimperiums eine westliche Außenpolitik von Kohäsion nur bei seltener werdenden Gelegenheiten stattfinden kann. Mit dem Leitmotiv der Parallelaktion endet allerdings für die deutsche Politik auch die für ein selbständiges Land ungewöhnlich große politische Abhängigkeit von dem, was in der Bonner Republik als Weltmeinung galt. Das war in Wahrheit nie die Summe der öffentlichen Meinungen des Auslandes gewesen, sondern von Anbeginn an nur die Reaktion der öffentlichen Meinung bei den Siegermächten auf deutsche Verhältnisse; mit Ausnahme der Sowjetunion, doch mit dem Hinzutritt einiger Kleinmächte, die in Deutschland gern ernst genommen werden, weil sie sich vornehmlich kritisch äußern, die Niederländer, Skandinavier, Schweizer. In den Folgejahrzehnten hatte sich das Stichwort Weltmeinung dann ganz auf die der Angelsachsen, zum Schluß der Amerikaner (und natürlich der Israels und der jüdischen Großorganisationen) reduziert. Der deutsche Blick nach draußen hat dadurch eine partielle Erblindung erlitten und nicht wahrgenommen, daß Status und Akzeptanz des Landes in den meisten Territorien der bewohnten Erde sich durchaus unproblematischer darstellten, als die Fixation auf die das NS-Regime und den Zweiten Weltkrieg noch bewirtschaftenden Medien der USA vermuten läßt.

Ist die Basis der Stabilität der Bundesrepublik durch den Fortfall des Besatzungsstatuts im weitesten Sinne (das ja für eine zunächst amorphe politische

Gesellschaft war wie der Chitinpanzer des rückgrat-
losen Insekts) vollständig geschwunden, so ist die
innenpolitische Basis der Stabilität – mit der Trias
Parteien/Gewerkschaften/Kirchen – so weit erodiert
und durch die Vereinigung noch schwächer geworden, daß die künftig noch notwendige Stabilität der
politischen Verfassung mit anderen Mitteln und anderen Gewährsträgern gefunden und gesichert werden muß. Die bisherige Stabilität der Bundesrepublik, im kontinentaleuropäischen Raum durchaus ein
Unikat, war für die Westdeutschen zu einer Heimat
geworden, aus der vertrieben zu werden überaus
schmerzlich ist. Sie hatte freilich am Ende zu einer
Gesellschaft geführt, die als die reformfeindlichste in
der industriellen Zivilisation gelten durfte. Nicht daß
es an dem gefehlt hätte, was als reformpolitisch ange-
kündigt und auch verwirklicht wurde, doch waren es
Reformen, die fast ausnahmslos der Komplettierung,
nur zuweilen der Rationalisierung des Sozialstaates
galten. Alle anderen Reformen, seien es technologische Modernitäten oder strukturelle Anpassungen an
die international veränderten Maßstäbe ökonomisch-
sozialen Erfolgshandelns, sind in Deutschland entweder schon im Ansatz gescheitert, gar nicht unternommen worden oder so zögernd kompromißhaft
ins Werk gesetzt worden, daß die Resultate zweifelhaft bleiben. Die Bezeichnung der deutschen Stabilität als einer, wie sie dem Sandsack eigentümlich ist,
ist nicht ohne polemisch zeichnende Kraft. Eine andere Ursache möglicher Instabilität, die, unabhän-

gig vom Übergang der Bonner in die Berliner Republik, Politik, öffentliche Meinung und Mentalität der Deutschen beherrscht, ist ihre *Zwiemoral*. Das Wort Zwiemoral gibt es bisher nicht in der deutschen Sprache, doch scheint es nützlich, es einzuführen. Es soll, im Anklang an die altbekannte Zwietracht, den Tatbestand bezeichnen, daß schon seit einer Reihe von Jahren zwei unvereinbare Moralsysteme von unserer Bevölkerung Respekt verlangen – zwei Moralsysteme, in denen sich unterschiedliche, ja gegensätzliche Mentalitäten und Bedürfnisse ausdrücken. Das Wort Moral selbst hat seit langem die Doppelbedeutung (wie das abgeleitete Wort Moralist auch), zum ersten die in einer Gesellschaft tatsächlich geübten Sitten (die *mores*) zu beschreiben, doch zweitens und vor allem die Gesamtheit der gesellschaftlichen Normen zu bezeichnen, die in einer Gesellschaft gelten sollen.

Für die deutsche Situation bezeichnet Zwiemoral die Lage, daß politische und wirtschaftliche Moral immer weiter auseinanderklaffen und zunehmend unvereinbar werden. Als erstes fällt die Feststellung leicht, daß ein unausweichliches wirtschaftliches Gebot zu immer größerer Geschwindigkeit besteht. Das gilt für Entscheidungen des Managements, für die technologische Entwicklung, für den ständig erneuerungsbedürftigen Bestand an beruflichen Kenntnissen und Fertigkeiten – und für vieles andere mehr. Gegenüber dieser ökonomischen Akzeleration fällt die wachsende Langsamkeit des politischen Prozesses auf. Für das Grundgesetz hat der deutsche Parlamentarismus wenig mehr als ein Jahr benötigt; in einem solchen Zeitraum wird heute nicht einmal mehr eine Verordnung auf den Weg gebracht. Vom Beginn unseres Einwanderungsproblems bis zur Änderung des Artikels 116 GG hat es ein Jahrzehnt gebraucht; ein Einwanderungsgesetz mit den dringend notwendigen Regelungen steht noch auf unabsehbare Zeit aus. Dergleichen Beispiele lassen sich beliebig vermehren; nur bei der Herstellung der deutschen Einheit sind unter äußerstem Druck die politischen Entscheidungen kurzfristig gefallen. Diese Langsamkeit ist nicht einfach einem Versagen politischer Personen oder Institutionen zuzuordnen, sondern beruht nicht zuletzt auf einem stark gestiegenen Mitrede- und Mitwirkungsbedürfnis der Bevölkerung oder betroffener Gruppen, also einem ernstzunehmenden demokratischen Impuls.

Die ökonomische Moral verlangt längst und für lange Zukunft sorgfältiges Kostenmanagement, also Sparsamkeit; sie macht das schlanke Management und die schlanke Produktion wie höhere Produktivität zur Pflicht. Die politische Moral hingegen fordert sozialen Frieden, die Herstellung möglichst gleicher Lebensbedingungen in Ost- und Westdeutschland, höhere Aufwendungen für den Umweltschutz, weiteren Ausbau des Verbraucherschutzes und ein feinmaschigeres, wenngleich nicht aus kostbarerem Garn geknüpftes soziales Netz. Von Sparsamkeit ist bei der öffentlichen Hand nicht ernstlich die Rede, eine Verschlankung der Verwaltung hat nirgends stattgefunden, die Kommunen betreiben einen internen Ausbau, der im Vergleich zu allem Ausland luxuriös anmutet (nur Kulturausgaben werden publizitätswirksam gekürzt); mitten in der Rezession verabschiedet Deutschland eine unfinanzierbare Pflegeversicherung, während die USA noch immer nicht einmal eine vernünftige Krankenversicherung haben. Mit einem Wort: der deutsche Wohlfahrtsstaat besteht nicht nur weiter, er dehnt sich bei gleichzeitigen Abstrichen einzelner Leistungen weiter aus. Diese Zwiemoral muß, wenn die Schere sich weiter öffnet, zu Konflikt und Scheitern führen. Aber sie ist offensichtlich von der Zustimmung der Bevölkerung gedeckt. Darüber kann die Kakophonie in der Polemik der politischen und ökonomischen Moralisten nicht hinwegtäuschen; noch akzeptieren beispielsweise die Gewerkschaften, wenngleich widerwillig, die elementaren Gebote der wirschaftlichen Moral, so wie die Unternehmerschaft in ihren Verbänden sich wehklagend mit der politischen abfindet. Aber lange wird es nicht mehr dauern, bis die Zwiemoral zu echter Zwietracht führt.

VII.
Restbezirke der Stabilität

Die Stabilität der Bonner Republik ist für die Berliner nicht herstellbar, die Instabilität der Weimarer Republik muß sie vermeiden. Das ist nicht unmöglich.

Es liegt zutage, daß ihre Startvoraussetzungen unvergleichlich viel günstiger sind als diejenigen der Bonner Republik. Sie tritt nicht das Erbe einer Niederlage an – der Zweite Weltkrieg ist für sie doch schon Historie –, sondern das Erbe eines Sieges. Sie wird nicht geplagt von den Phantomschmerzen verlorengegangener Gebiete, die sie trotz aller Kundgebungen von Vertriebenenverbänden nicht mehr als von Deutschland noch zurückzuforderndes Land ansieht. Zum erstenmal, seit Ernst Moritz Arndt die Frage stellte: »Was ist des Deutschen Vaterland?«, kann sie diese Frage sehr schlicht beantworten: Dieses Land ist es. Vielleicht zum erstenmal in der deutschen Geschichte überhaupt kann das wiedervereinigte Deutschland einen klaren *sens de territoire* entwickeln, wird von sogenannten Volkstumsfragen nicht mehr ernstlich geplagt und hat die allererste Bedingung möglichen Einverständnisses mit allen Nachbarn geschaffen, nämlich die Eindeutigkeit und Unantastbarkeit der Grenzen. Was der Weimarer Republik nicht gelingen konnte, ist ihr zugefallen, nämlich die unzweifelhafte Akzeptanz der republikanischen Staatssymbole und des Prinzips der Demokratie. Mit einem Wort: die dank der Wiedervereinigung ganz Deutschland umfassende Bundesrepublik, die seit dem 3. Oktober 1990 ihren Staatsnamen als einen völlig unanfechtbaren trägt, ist in den Überzeugungen der Deutschen ohne Alternative. Solange die Geschichte weitergeht, wird nicht auszuschließen sein, daß auch der Bundesrepublik Deutschland gefährliche Feinde erwachsen, doch auszuschließen ist, daß ihre Existenz Feindschaften provoziert, sie gar unter dem *cauchemar des coalitions* zu leiden hätte, der Bismarcks Nächte verdüsterte.

Allein, im Innern ist's nicht getan. Max Weber hat die drei Typen legitimer Herrschaft unterschieden: die charismatische, die traditionale, die legale. Im Gedanken an die gutbürgerlichen Verhältnisse, die in der alten wie in der neuen Bundesrepublik obwalten, will der Gedanke an das Charisma eines politischen Führers nicht aufkommen, ist auch für die anzustrebende Normalität des erforderlichen Maßes an Stabilität durchaus unerwünscht. Eine traditionale Geltung der Verfassung ist nach fast halbhundertjähriger Bewährung nicht im Sinne des großen Soziologen, aber doch in dem anspruchsloseren der Zeitgenossen in erfreulichem Ansatz zu unterstellen; die Legalität ohnedies, ohne die als notwendiger Funktionsmodus der Bürokratie überhaupt kein moderner Staat vorstellbar ist. Es spricht jedoch viel dafür, daß zu diesen drei Typen legitimer Herrschaft unter den Bedingungen der Massendemokratien ein anderer und in Zukunft wichtigerer sich hinzugesellt: Legitim ist diejenige Herrschaft, die funktioniert. Das kann durchaus unabhängig gesehen werden vom politischen Legitimationsprinzip der Verfassung, nämlich der Demokratie. Sie ist als Prinzip völlig unangefochten und unanfechtbar, weil nirgends in einer säkularen Gesellschaft Macht mit Anspruch auf Gehorsam auftreten kann, die sich nicht auf Zustimmung oder Ermächtigung der Gewaltunterworfenen gründet. Doch läßt sich der Verdacht in den vorgerückten Gesellschaften nicht mehr abweisen, daß das Demokratische allein nicht genügt, sondern daß der uralte Zusammenhang von Schutz und Gehorsam wieder mächtig hervortritt: eine politische Entscheidung soll nicht nur demokratisch legitimiert sein; ihre Chance, respektiert zu werden, hängt davon ab, wieweit sie dem Begehren, der Sehnsucht, dem Bedürfnis nach Schutz beim Wählervolk entspricht, als äußere und innere Sicherheit und Gewährleistung der Grundversorgung. In diesem Sinne ist das Funktionieren der politischen Gewalten die Bedingung ihrer dauerhaften Akzeptanz. Zwei Institutionen der Bundesrepublik illustrieren den Sachverhalt. Auf eine mit bloßem Auge nicht wahrnehmbare Weise sind Bundesverfassungsgericht und Bundesbank demokratisch legitimiert; doch eben höchst indirekt und durchaus ohne einen Wählerauftrag, den die Wähler noch erkennen können. Zugleich sind diese beiden Institutionen diejenigen unter allen Einrichtungen,

53

die sich auf die Verfassung zurückführen, die offenkundig den höchsten Respekt beim Publikum genießen, höheren als der hauptsächliche Vertreter des Volkssouveräns, der Bundestag, höheren als Bundesrat und Bundesregierung. Sie sind allenfalls noch mit dem Prestige des Bundespräsidenten zu vergleichen, der ebendies aber nur deswegen genießt, weil er aller Politik entzogen ist, sie allenfalls mit moralischen Postulaten durchsäuert – während die Zentralbank und das Oberste Gericht sich mitten im politischen Prozeß glanzvoll behaupten. – Ein analoges Phänomen gibt es in der Europäischen Union. Die Kommission erfreut sich größeren Respekts als das Europäische Parlament.

Bei der Frage nach der künftigen Stabilität, die eng mit der Funktionstüchtigkeit der Verfassungsorgane und der ihnen nachfolgenden Verwaltungen verknüpft ist, und nach der gesellschaftlichen Basis, die statt der bisherigen, ständig erodierenden, eine neue Gewähr für Stabilität bilden kann, ist vorab die »Wirtschaft« auszuscheiden. Die Wirtschaft ist, wie Montesquieu von der Justiz sagte, *en quelque façon nulle*. Die Geschäftswelt hat in Deutschland, wie in anderen Ländern auch, keine eigene politische Existenz. Selbst wo sie kraftvoll organisiert ist und eine Stimme im öffentlichen Konzert hörbar macht, kommt sie über nicht mehr hinaus als die Verteidigung der unmittelbarsten unternehmerischen Interessen. Nur in politischen Umbruchzeiten, da Privateigentum und freie Marktwirtschaft selber bedroht sind, fällt die Wahrnehmung des unternehmerischen Interesses mit einem ganz allgemeinen zusammen und wird damit politisch. Solche die Freiheit des Wirtschaftens bedrohenden Entwicklungen sind nach der weltweiten Niederlage des Kommunismus nirgends in Sicht. Jede sich am möglichen Erfolg orientierende Regierung der Erde – und das sind in den Demokratien alle – muß auf unternehmerisch geführte Volkswirtschaften bauen und sie prinzipiell unbeschädigt lassen, so daß umgekehrt die Forderungen der Sprecher dieser Wirtschaften meist nicht über öffentliches Lobbytum hinausgehen und kaum Gegenstände betreffen, welche die Teilnahme der Menge erregen könnte. Eine gesunde Wirtschaft bildet einen Teil der Basis von Stabilität – vielleicht den wichtigsten –, aber als stiller Teilhaber, der politisch kaum aktivierbar ist. Entgegen der Bemerkung Walter Rathenaus, die Wirtschaft sei das Schicksal, bleibt der Satz Napoleons richtig: Die Politik ist das Schicksal. Zu ihr gehört die gescheite Nutzung der Wirtschaft; die umgekehrte Nutzung kommt vor, gerät leicht in die Nähe des Kriminellen und bleibt belanglos.

VIII.
Der Staat als Büttel
der Gesellschaft

Die Frage nach den gesellschaftlichen Gewährlei-
stungsträgern der Berliner Republik ist eine Frage,
die nur aus der Geschichte der Bonner folgt, sich
nicht durch allgemeine politische Erfahrung auf-
drängt. Parteien, Kirchen und Gewerkschaften haben
bei anderen Staatengründungen nicht Pate gestanden, auch die Weimarer Republik mußte ohne den
Sukkurs wichtiger politischer Parteien auskommen,
hatte nur die halbherzige Unterstützung des zersplit-
terten Gewerkschaftswesens und gar nicht die der
Kirchen, die sich aus der monarchischen Tradition
noch nicht befreit hatten. Ihre Funktionsfähigkeit beruhte, solange sie bestand, ganz wesentlich auf dem
Funktionieren einer Bürokratie, die sich noch auf ein
überkommenes Staatsethos stützte und rechtsstaatli-
che Autorität mit Unbefangenheit handhabe. Im
Rückblick ist die Weimarer Republik von den Deutschen überwiegend unter dem Gesichtspunkt ihres
Untergangs beurteilt worden, ja der noch nachwirkenden Verachtung, mit der die Nationalsozialisten
sie behandelten. Zu ihrer Zeit aber ist die Weimarer
Republik trotz all ihrer außenpolitischen und wirtschaftlichen Schwierigkeiten, ihrer innenpolitischen
Irrungen und Wirrungen ein machtvoller Staat gewe-

sen, der sich im europäischen Konzert nicht übel ausnahm.

Ein Einverständnis von gesellschaftlichen Gewährleistern kann also für die Berliner Republik nicht bereitgestellt werden. Und dies nicht nur, weil die gesellschaftliche Organisationsbasis zu schwach geworden ist. Sie kommt aus einem weiteren Grund als Stabilitätsgarant der Berliner Republik nicht mehr in Frage, denn sie hat deren Geburt, anders als derjenigen der Bonner, nicht beigewohnt. An der Entwicklung, die schließlich zur Wiedervereinigung führte, hatte sie nicht teilgenommen. Diese Entwicklung, vorangetrieben von außen durch den unaufhaltsamen Zusammenbruch der Sowjetunion unter Gorbatschow, begünstigt durch die amerikanische Diplomatie und den Präsidenten Bush – die Vorarbeiten Reagans, des Papstes, der osteuropäischen Dissidenten etc. sollen nur angedeutet sein –, hatte auf deutscher Seite wesentlich einen einzigen Mitgestalter, den Bundeskanzler Helmut Kohl. Parteien, Gewerkschaften und Kirchen spielten in den entscheidenden Monaten eher die Rolle des Überraschten, sich erst gegen Ende der Vorgänge zu zögerndem Applaus aufraffend, ebenso wie die von ihnen seit Gründung der Bundesrepublik munitionierte und parzellierte öffentliche Meinung, die sich noch am Tag der förmlichen Vereinigung von ihrer Verblüffung nicht erholt hatte. In seiner staatsmännischen Stunde konnte sich der Bundeskanzler lediglich – und damit eine Realität der künftigen Berliner Republik antizipierend – auf eine handwerklich vorzüglich funktionierende Bürokratie stützen. Der staatliche Apparat, die Diplomatie sowohl wie die hohe Beamtenschaft, die unter äußerstem Druck die diplomatischen Begleitschritte draußen wie das vertragliche Einigungswerk drinnen ins Werk zu setzen hatten, legte eine Bewährungsprobe ab, wie sie nie von ihm gefordert worden war und die sein Selbstbewußtsein auf diejenige Höhe bringen konnte, die ihm bislang im Verhältnis zu den staatsbeherrschenden Großgruppierungen gefehlt hatte.

Auch dies war der Anfang einer Rückkehr zur Normalität. Die Bonner Bundesrepublik war zwar ein richtiger Staat gewesen, seit der Wiederbewaffnung und der formellen Souveränitätserklärung im Mai 1955 mit allen herkömmlichen Attributen der Staatsmacht ausgestattet und nur in praktisch unbedeutenden Einzelheiten vom Schein völliger Gleichberechtigung ausgeschlossen (wie durch die Kontrollmöglichkeiten der Westeuropäischen Union und durch die noch immer nicht getilgte Feindstaatenklausel in der UN-Satzung) – hatte aber selbst ihre Staatlichkeit nie herausgekehrt, jedes offenkundige Vorzeigen von Staatsmacht möglichst vermieden und auf staatliche Liturgie weitgehend verzichtet. Wenn sie Flagge zeigte, dann am liebsten Halbmast; ihr Staatsfeiertag des 17. Juni war als einziger Staatsfeiertag der Welt kein Fest und keine Feier nationalen Stolzes, sondern Bekundung stillen Gedenkens und der ehrlichen oder pflichtgemäßen Sehnsucht nach

Einheit des Vaterlandes. Der alten Bundesrepublik war es durchaus gemäß, daß ihre eindrucksvollste staatliche Demonstration ein Staatsbegräbnis war, das ihres ersten Kanzlers Adenauer. Dem Wunsch, sich als Staat zurückzunehmen, entsprachen auch das Paradeverbot für die Bundeswehr und die Diskriminierung ihrer Angehörigen als Bürger in Uniform, da doch der Soldat, recht verstanden, gerade das Gegenstück zum Bürger ist. Die alte Republik war ein Staat im vollen Sinne des Wortes, ein gut funktionierender, aber ohne das Selbstbewußtsein eines solchen.

Ein solches Selbstbewußtsein konnte er freilich nicht entwickeln. Das mag einmal an der alles durchtränkenden Erinnerung an die NS-Diktatur gelegen haben. Sie hatte den totalen Staat proklamiert, ohne ihn zu errichten; sie hatte sich den staatlichen Apparat rücksichtslos unterworfen, realisierte aber gern die größten Scheußlichkeiten ihrer Herrschaft mit außerstaatlichen, von Rücksicht auf alle Restlegalitäten freien Instrumenten. Zum anderen mag auch das nach der Niederlage des Reiches lebhaft hervorbrechende Herzensbedürfnis im Spiel gewesen sein, mit herkömmlicher Politik überhaupt aufzuhören, Herrschaft von Menschen über Menschen abzubauen, dem alten Traum deutscher Philosophen zu folgen, die das politische Denken mit bester Absicht korrumpiert hatten; Nietzsche hat vom Staat als dem kältesten aller kalten Ungeheuer gesprochen – und solche Ungeheuer sollte es auf deutschem Boden möglichst nicht mehr geben.

Viel durchschlagender als dergleichen Affekte gegen Staatlichkeit wirkte freilich für das defiziente Selbstbewußtsein des Bonner Staates die Tatsache, daß er dank des ihn stützenden Gründungseinverständnisses der Gesellschaft – auf nicht leicht greifbare Weise – nie Herr des eigenen Entschlusses geworden ist, so wie es der Text der Verfassung vorsah. Die Trennung von Staat und Gesellschaft, die es reinlich nie und nirgends gegeben hat, war seit dem Ende des 18. Jahrhunderts für das deutsche Staatsbewußtsein konstitutiv; sie war die Bedingung der Möglichkeit des Rechtsstaates auf der einen und der bürgerlichen Freiheit auf der anderen Seite, die praktisch vornehmlich als private zu realisieren war. Die Gesellschaft war das Reich der Freiheit Gleichberechtigter, der Staat die Ordnung mit Obrigkeit und Gewaltunterworfenen, mit Justiz, Polizei und Armee. Die Grundüberzeugung des liberalen Zeitalters sah die Freiheit der Gesellschaft als prinzipiell unbeschränkt, die Eingriffsmacht des Staates als prinzipiell beschränkt und ausdrücklicher gesetzlicher Ermächtigung bedürftig. Das hatte in der deutschen Entwicklung mit Demokratie, also dem Tätigwerden staatlicher Organe auf Grund nur ausdrücklicher Ermächtigung durch einen sich in Wahlen und Abstimmungen manifestierenden Volkswillen wenig zu tun; es brachte aber einen Rechtsstaat auch mit sehr frühem Rechtsschutz gegenüber staatlichen Übergriffen oder Fehlverhalten hervor (z. B. preußisches allgemeines Landrecht 1794), den die Staaten der angelsächsischen Tradition erst viel später entwickelten, teils bis heute nicht kennen. Diese Art Rechtsstaat war es vor allem, die den Deutschen seit dem 19. Jahrhundert das Defizit an Demokratie nicht als schmerzlichen Mangel in der Mehrheit hat empfinden lassen: die Einwohner des Bismarck-Reiches sind sich im Vergleich zu Franzosen oder Engländern nicht als in unerträglich rückständigen Verhältnissen lebend vorgekommen.

Diese Trennung von Staat und Gesellschaft war in der Bundesrepublik als ein hehres Prinzip vorhanden, doch eben nicht Kernelement ihrer Praxis. Die organisierte Gesellschaft war bei ihrer Gründung schon vorhanden und hat den Staat als ihr Instrument gesehen; der Gedanke auch nur an den Versuch der Bestimmung der Grenzen der Wirksamkeit des Staates (Wilhelm von Humboldt) konnte nicht aufkommen. Die Staatsgewalt wurde nach einer schon jahrzehntealten Vorhersage Bertrand de Jouvenels zu einem »pouvoir étendu et faible« oder – nach der polemischen Kennzeichnung des Rechtsgelehrten Forsthoff – zum herrschaftsarmen Verteilungsapparat, wobei er freilich nur den Wohlfahrtsstaat im Blick hatte; die Interventionsfreudigkeit, verbunden mit Autoritätsschwäche, galt aber für das staatliche Handeln insgesamt.

Je mehr die Unterscheidung von Staat und Gesellschaft aufgegeben wird, desto mehr reduziert sich Politik (Reduktion bei gleichzeitiger Expansion) auf gesellschaftliche Bedürfnisbefriedigung, der gegenüber das Formulieren und Durchsetzen von Entscheidungen, Entwickeln und Wahrnehmen politischer Optionen ganz in den Hintergrund tritt. Dem entsprach es, daß sich westdeutsche Politiker gern und vehement im Brustton der Überzeugung, in dem Dummheiten fast immer vorgetragen werden, gegen das Freund-Feind-Denken wendeten, das nach Carl Schmitts berühmter Formel den Begriff des Politischen ausmacht. In der Bedürfnisbefriedigung der Gesellschaft darf es in der Tat die Unterscheidung von Freund oder Feind nicht geben. In dieser faktisch, nicht theoretisch vollzogenen Preisgabe der Trennung von Staat und Gesellschaft zeigte sich die Bundesrepublik wiederum als postfaschistisches Phänomen: bei aller entschiedenen Abkehr vom Nationalsozialismus war doch die Volksgemeinschaft lebendig geblieben.

IX.
Die Übergangswahlen

Die politischen Wahlen der Jahre 1994 und 1995 waren schon Zwischenwahlen, Wahlen des Übergangs von der Bonner zur Berliner Republik. Der am 16. Oktober 1994 gewählte 13. Bundestag wird der letzte gewesen sein, der seine Legislaturperiode in der von Adenauer durchgesetzten Bundeshauptstadt Bonn verbringt, der Stadt, die mit dem leeren Titel einer Bundesstadt weiterleben soll. Der 14. Bundestag soll seine Tätigkeit noch in Bonn aufnehmen und wird sie nach dem Umzug in der Bundeshauptstadt Berlin fortsetzen. In Berlin war bereits der Nachfolger des Bundespräsidenten Richard von Weizsäcker, Roman Herzog, an eine frühe Tradition der Bundesrepublik anknüpfend, im Mai 1994 gewählt worden.

Die Ergebnisse der Wahl zum Bundestag, wie die der zu den Landtagen, ließen die beschriebenen Entwicklungen und Veränderungen schon deutlich erkennen. Einmal war es die Rückkehr zur Normalität der Wahlbeteiligung, die bei Wahlen in der alten Bundesrepublik immer sehr hoch gewesen war, was als demokratisch vorbildlich galt, doch im Vergleich zu den eingeübten Demokratien Westeuropas und Nordamerikas als exzessiv anzusehen war: für ein demokratisch wohlerzogenes Volk bildet das Wahlrecht keine Pflicht, die gewissenhafte Bürger zum Urnengang treibt, sondern ein Recht, das wahrzunehmen dem Wähler leichtfällt, wenn er die Versprechungen der Parteien als Verheißung oder Bedrohung verstehen kann. Diese Einkehr in die Normalität ist eines von vielen Zeichen für die Anfänge veränderter politischer Mentalität, in der sich die größer gewordene Bindungslosigkeit an die Großorganisationen ausdrückt – dazu die stärkere Individualisierung bei den das Öffentliche betreffenden Stellungnahmen der Einwohner.

Die viel größer gewordene Volatilität hat sich am deutlichsten bei den Ausnahmewahlen im Herbst 1994 in Sachsen und Brandenburg gezeigt, während alle anderen den altetablierten Parteien noch ein wenig Grund zum Glauben ließen, daß die altgewohnte Stabilität des Parteiensystems sich erhalten könne. Die beiden östlichen Länder, noch durchaus gut vergleichbar in Demographie, sozialer Struktur und ähnlichem wirtschaftlichem Befinden, wählten am gleichen Tag auf höchst unterschiedliche Weise: In Brandenburg gewannen die Sozialdemokraten, im früher immer sozialdemokratischen Sachsen hingegen die CDU eine absolute Mehrheit. Es wäre durchaus verfehlt und auch durch keine Wahlanalyse gedeckt, in diesen Wahlentscheidungen Volksvoten für unterschiedliche Parteiprogramme oder Ausdruck einer prinzipiellen Anhänglichkeit an die eine oder andere Partei zu vermuten. Es waren vielmehr hochpersonalisierte Wahlen, die die amtierenden Ministerpräsidenten Stolpe und Biedenkopf, die beiden einzigen herausragenden Gestalten unter den ostdeutschen Premiers, für sich entscheiden konnten. Die beiden Personalplebiszite bezeichnen einen in der deutschen Parteiengeschichte einmaligen Vorgang – die gleichzeitige völlige Gegenläufigkeit einer politischen Entscheidung von zwei Populationen, deren Überzeugung und Interessen beinahe identisch sind. Von irgendeiner verwurzelten Anhänglichkeit an politische Überzeugungen, die sich in der Anhänglichkeit an eine Partei ausdrückt, kann dann nicht mehr die Rede sein.

Eindrucksvoller noch als die Kundgabe der Erosion der Altparteien durch die Beliebigkeit der Stimmabgabe war die durch die Stimmenverluste, die sie als generelle Tendenz in den Wahlen der Jahre 1994 und 1995 hinzunehmen hatten. Immerhin war damit bei den beiden großen eine Verabschiedung von der Macht oder der Abschied von der alten Parteienstruktur noch nicht verbunden. Es verstärkte sich jedoch die Abhängigkeit der SPD von den kleineren Parteien, die im Verhältnis zu den Grünen insbesondere in Hessen (und sogar der PDS in Sachsen-Anhalt) in einem ihr bisher ungewohnten Maß, das sie bei höherer Sensibilität zu fundamentalem Nachdenken über ihre Position hätte veranlassen müssen. Die FDP unterschritt bei den meisten Wahlen das parlamentarische Existenzminimum der 5-Prozent-Klausel, konnte sich nur im Bund dank dem Zufluß von CDU-Wählern halten (welche die Regierungs-koalition mit den Unionsparteien bestätigen wollten) sowie in Hessen, wo sie sich zu ihrem Vorteil schon immer eher als die Partei entschiedener Marktwirtschaft dargestellt hatte denn als Partei permanenten emanzipatorischen Fortschritts, den die Wähler in einer ökonomischen Krise nicht als drängendes Bedürfnis wahrnehmen und insgesamt eher bei den Grünen nachfragen.

Die 1994 akut gewordene Krise der Partei des Liberalismus, die vordem immerhin zwei Staatsoberhäupter der Bundesrepublik gestellt hatte und deren Einfluß in einigen Phasen der frühen Geschichte der Bonner Republik dem der Union gleichgeordnet werden kann – allerdings hat der größte Liberale, den die Bundesrepublik je besaß, Ludwig Erhard, sich ihr nach einigem inneren Zögern klugerweise nicht angeschlossen –, läßt sich in ihrem Beginn recht genau datieren. In der 12. Legislaturperiode des Bundestages, die 1984 zu Ende ging, waren zwei Entwicklungen zusammengetroffen, die es erforderlich machten, die wesentlichen politischen Maßnahmen zusammen mit der im Bund oppositionellen SPD zu treffen: die sozialdemokratisch geführte Mehrheit im Bundesrat und die vielfach auftretende Notwendigkeit, sich über formell oder informell verfassungsändernde Entscheidungen zu verständigen. Beides hatte zur Folge, daß zwar das Recht der politischen Legislative eindeutig beim Regierungsbündnis von CDU/CSU und FDP verblieb, aber die Durchsetzung nur dank

der informellen geheimen Koalition mit den Sozialdemokraten gelingen konnte; es genügt, als Beispiele
die Asylantengesetzgebung, die Erweiterung der
Aufgaben der Bundeswehr und die Pflegeversicherung zu nennen. Entsprechend reduzierte sich die
Rolle der FDP in der deutschen Politik, was von der
öffentlichen Meinung gern auf die subjektive Unzu-
länglichkeit der Nachfolgegeneration der FDP-An-
führer Genscher und Graf Lambsdorff zurückgeführt
wurde, doch im Kern auf diesem objektiven Tatbestand beruhte. Die beklagenswerte Rolle, die die FDP
noch zu spielen hatte, war wesentlich die, das Vor-
handensein der informellen Großen Koalition durch
ihre eher scheinbar gewordene Regierungsbeteili-
gung zu camouflieren und die Unionsparteien von
dem Zwang zu befreien, eine richtige und öffentliche
große Koalition mit den Sozialdemokraten einzuge-
hen. Daß sie diese Camouflage so loyal vollzog, auch
noch der Pflegeversicherung zuzustimmen, die den
wenigen konkreten Absichten ihrer Programmatik
stracks zuwiderlief, hat ihr bei ihrer kleinen Kern-
wählerschaft sehr geschadet. Eine Entscheidung gegen die Pflegeversicherung wäre honetter gewesen;
ob praktischer, ist zweifelhaft: Es hätte das Ende der
Regierungskoalition bedeuten können und damit das
Ende aller Hoffnungen auf Leihstimmen aus der
CDU-Wählerschaft, mithin das wahrscheinliche
Verschwinden aus dem Bundesparlament am Wahltag.

Die beiden großen Parteien konnten sich mit ihren

Wahlergebnissen 1994/95 eigentlich nicht beruhigen, taten es aber dennoch. Sie hatten schließlich nirgends die Macht verloren und sich auch, außer wie früher schon in Berlin und in Baden-Württemberg, nur in Mecklenburg-Vorpommern zu einer großen Koalition genötigt gesehen. Das beginnende Zerbröckeln ihrer Basis mochten sie deshalb nicht wahrnehmen, zumal ein ihnen erreichbares Heilmittel nicht zu erkennen war. Der immer fragil gewesene Selbsterhaltungstrieb der Sozialdemokraten hatte sie schon früh auf die Grünen, die doch aus dem SPD-Wählerpotential der Jüngeren und Gebildeteren sich vornehmlich alimentierten, als mögliche Koalitionspartner statt als Gegner blicken lassen. Ein Verhalten, das sie im Verhältnis zur PDS zu wiederholen sich anschickte, als diese sich in den östlichen Provinzen als einigermaßen beständige Kraft einzurichten schien. Für die CDU wurde ein Bewußtsein ihrer Gefährdung durch den noch zu Jahresbeginn 1994 von der Mehrheit der öffentlichen Meinung für unmöglich gehaltenen Wahlerfolg des Bundeskanzlers Kohl verdrängt – wie durch die Erscheinung Kohls selber, der ihr als lebendige Statusgarantie erschien.

X.
Kohl

Der Kanzler Kohl ist die Schlüsselfigur des Übergangs der Bonner zur Berliner Republik. Er gehört in Bildungsgang und Denkweise ganz der alten Bundesrepublik an, hat es aber, anders als einst Moses, leisten können, das vom Grundgesetz verheißene Gelobte Land des ungeteilten Deutschland selber zu erreichen und einige Fundamente der künftigen Berliner Republik in den Boden zu senken. Diese Leistung Helmut Kohls bleibt außerordentlich und wäre von keinem anderen auf dem politischen Theater sichtbaren deutschen Politiker zu erbringen gewesen, weil ohne sein Verhandlungsfreunde wie Verhandlungsfeinde gleichermaßen vorantreibendes Agieren die staatliche Wiedervereinigung selbst im unvermeidlichen Zusammenbruch des Sowjetimperiums nicht mit jener Geschwindigkeit hätte erreicht werden können, die auch die Einbeziehung des deutschen Ostteils ins westliche Militärbündnis und den überaus raschen Rückzug der sowjetischen Truppen vom deutschen Territorium im Gefolge hatte. Man redet kaum in irrealen Bedingungssätzen, wenn man feststellt, daß schon im späteren Verlauf der Herrschaft Gorbatschows oder gar unter dem Nachfolger Jelzin noch eine Art Vereinigung im Sinne von Konföderation und ähnlichen beliebten Denkmodellen möglich, wahrscheinlich oder unvermeidlich geblieben wäre – doch jener sensationell vollständige Sieg der Bundesrepublik über die widerwärtige DDR nicht mehr akzeptiert worden wäre.

Diesen Kanzler des großen Übergangs haben dabei Eigenschaften ausgezeichnet, die ihn aus der Zahl der agierenden Staatsmänner heraushoben und von denen eine, nämlich eine kaum zähmbare und ungemein zähe Willenskraft, ihn auch von allen deutschen Politikern unterschieden, deren Fähigkeit, sich mit weniger als dem Höchsterreichbaren zu bescheiden, als Nachkriegstugend empfunden wurde. Die andere war die Kraft der politischen Phantasie, die sich nicht durch die Denkzäune eines vierzig Jahre lang stabil gewesenen außenpolitischen Status quo hat begrenzen lassen.

Helmut Kohl wird, wenn er einmal abtritt, Deutschland länger regiert haben als irgendein Kanzler seit Bismarck. Trotz dieser langen Herrschaftsperiode ist er seinen Landsleuten erstaunlich unvertraut geblieben. Keine aussagekräftige Anekdote rankt sich um ihn, nie ist er mit Maximen und Reflexionen hervorgetreten, die Person und Charakter unverwechselbar kennzeichneten. Es gibt über ihn keine große Biographie: weil er keine hat. Der Mann gehört einer Schicht und Generation an, deren Lebensläufe nichts Unverwechselbares haben, in denen all die Vorkommnisse und Farben fehlen, die ein Leben berichtenswert und erzählungsfähig machen. Sein

Privates ist im respektabelsten Sinne privat und mag dem Zeitungsleser nur außerordentlich vorkommen, weil es so ordentlich ist. Seine zügige Karriere war doch keine des Überfliegens, aber auch frei von Schlägen, die als tragisch hätten empfunden werden können, und seine Erfolge nicht vom Glanz umstrahlt. Einen Bonus an Popularität hat er nie gewonnen, erst im Lauf der Jahre hat sich das Charisma des Amtes zu einem persönlichen verdichtet, hat der lange Gebrauch der Macht eine Aura des Machthabers um ihn gelegt, die er aus freien Stücken gar nicht mehr ablegen kann, weil sie längst zu seinem Kern geworden ist.

Der erfolgreichste deutsche Politiker des Jahrhunderts ist er nicht deshalb geworden, weil er mit dem, was Zeitgenossen und Nachwelt als Attribut der Größe empfinden, besonders reichlich ausgestattet worden wäre. Elemente von Größe sind vorhanden, doch erklären sie das Phänomen Kohl nicht. Vielmehr ist es die Konzentration auf die Essenz der eigenen Stärke und die bewußte wie bedenkenlose Vernachlässigung der eigenen Schwächen. Die allererste und wichtigste Bedingung seines Erfolgs, der nur in der dauerhaften Handhabung der Macht über viele Jahre möglich war, sind Talent und Instinkt für Machterringung und Machterhaltung gewesen, dem sich alle anderen politischen Antriebe unterordneten. Ein Machtinstinkt ähnlicher Intensität war auch Adenauer eigentümlich, doch weniger stark gepaart mit dem ungezügelten Freund-Feind-Denken, das Kohl klugerweise öffentlich zu denunzieren pflegte. Auch hat Kohl besser als jeder seiner Vorgänger gewußt, daß die Basis der Regierungsmacht zuerst eine unbestrittene und unbestreitbare Herrschaft über die eigene Partei verlangt.

Das illustriert ein Vergleich mit seinem unmittelbaren Vorgänger Helmut Schmidt. Der war als Hamburger von der Provinzialität der öffentlichen Rede ganz frei gewesen, nicht ohne Grund stolz auf seine Intellektualität und hatte geglaubt, daß der Verlaß auf die Vorzüglichkeit der persönlichen Ausstattung die ständige institutionelle Absicherung der Machtposition überflüssig mache. So hatte er es verschmäht, zum Kampf um den SPD-Vorsitz anzutreten, liebte es überhaupt, nicht allzusehr als Parteimann zu erscheinen, und konnte auch dank einem hochprofessionellen Umgang mit den Medien (und jener Art von Intellektuellen, die sie darstellen und sich in ihnen) Popularität und Respekt gewinnen, die vor ihm allenfalls Willy Brandt (und niemals Kohl) genossen hatte. Sie ließen sich aber nicht in Wahlstimmen für die SPD transformieren und halfen ihm gar nichts, als seine Partei ihm nicht mehr folgen wollte und der Koalitionspartner FDP zum Wechsel zur CDU bereit war. Kohl wurde zuerst Parteivorsitzender, dann erst Regierungschef (bei Adenauer war es umgekehrt gewesen) und war Chef der Partei mit äußerstem Nachdruck: an programmatischen Fragen so uninteressiert, wie es Adenauer gewesen war, machte er sich, anders als der Gründungskanzler, die

CDU untertan. Jedes Detail der Organisation beherrschend, über Personalkenntnis verfügend wie kein zweiter und mit unfehlbarem Gespür für jede Gefährdung der Alleinherrschaft ausgestattet, frühzeitig jeden denkbaren Rivalen niederkämpfend – dergestalt, daß schon nach wenigen Jahren die Nicht-Unterwerfungsbereiten noch gelegentlichen öffentlichen Beifall einheimsen mochten, doch von der Führung der Parteigeschäfte effektiv ausgeschlossen waren. Diese Kunst des Ausmanövrierens hat ihn auch im Umgang mit dem CSU-Vorsitzenden Franz Josef Strauß ausgezeichnet, vor dem er einen förmlichen Vorrang nicht zu beanspruchen hatte.

Die CDU hat nach dem Urteil vieler die Ausschließlichkeitsherrschaft Kohls teuer bezahlen müssen, weil neben der einen Eiche nicht hundert Blumen blühen konnten und weder in Regierung und Fraktion noch in den Ländern politisches Talent von Originalität und Eigenständigkeit heranwuchs – eine Kombination, die Kohl durchaus zu ertragen wußte, solange sie sich auf Feldern zeigte, die nicht an die eigenen angrenzten. Die Beobachtung, daß neben, unter und nach Kohl sich eindrucksvolle Personen kaum entfalten konnten, ist so richtig wie die bilanzierende Feststellung, daß das Fehlen einer so gewaltsam integrierenden Zentralfigur bei der SPD keineswegs eine reiche Blüte des politischen Talents begünstigt hat.

Für seine außenpolitischen Erfolge und das ihm endlich zugewachsene Prestige als Pfeiler der internationalen Politik war dem Bundeskanzler Kohl neben der beträchtlichen, auch im Weltvergleich einzigartigen Verweildauer im Amt die Eigenschaft sehr von Nutzen, die seinen empfindsameren Landsleuten eher genierlich vorkam – der Mangel an Eleganz in Kleidung, Sprache und Auftreten, der sich in freieren Augenblicken bis zur Kumpelhaftigkeit steigern kann. Das liegt nicht nur daran, daß das politische Personal mit dem einsetzenden Ende der Herrschaft alter Eliten beinah überall Wohlerzogenheit und Geschliffenheit der Form nicht mehr in aufdringlicher Weise vorführt, sondern eher Demokratisch-Egalitäres herauskehrt, es liegt viel mehr an einer Kohl spezifischen Begabung zur politischen Freundschaft. Mit persönlicher hat diese wenig zu schaffen; sie ist bei aller Beimengung des Menschlich-Freundlichen, das in des Kanzlers Wesen liegt, durchaus instrumental und steht im Dienst politischer Absichten und des nationalen Interesses. So konnte Kohl sogleich und gleichermaßen herzliche Beziehungen zu Reagan, Bush und Clinton aufbauen, mit Gorbatschow befreundet sein, als es nötig und wichtig war, aber ebenso mit dessen Nachfolger und Gegner Jelzin. Sein Verhältnis zu Mitterrand war herzlich, obgleich der französische Präsident ihm durchaus wesensfremd blieb. Das nämliche kann im Blick auf fast alle europäischen Staatsmänner gesagt werden, mit klarer Ausnahme der feindseligen Baronin Thatcher und auch des Premierministers Balladur. Allerdings waren diese beiden ihres angesehenen Status ungeachtet in der internationalen Politik isoliert, Kohl eben nicht. Kohl kann Clinton zu seinem Lieblingsitaliener mitnehmen, mit einem russischen Präsidenten in die Sauna gehen, sich mit jedem duzen, dessen Sprache das zuläßt; er mag von jedem für einen Freund erkannt werden, dessen Unterstützung erreichbar und hilfreich ist. Das hat Kohl immer zu seinem und Deutschlands Vorteil beispielsweise von seinem Vorgänger Helmut Schmidt unterschieden und war stracks dem dummen politischen Spruch entgegen, den Deutsche einst liebten: viel Feind, viel Ehr'.

Zu den Vorzügen der Bonner Republik hat es gehört, daß sie in ihren vier Jahrzehnten noch keine richtige Fernsehdemokratie geworden war. Schon Adenauer hatte sich wesentlich nicht im Einklang, sondern im Gegensatz zu den Medien behauptet; erst Willy Brandt hatte sich ihrer in einem modernen Sinne zu bedienen gewußt, während Helmut Schmidt (und auch Franz Josef Strauß) mit ihnen umgehen konnten, wie amerikanische Politiker es tun, wobei freilich Schmidts politische Position medienmehrheitsfähig war, die Straußens aber nicht. Im Unterschied zu Schmidt war Kohl nicht als Recht-, sondern als Machthaber angelegt. Da ihm das Talent für Medienwirkung abging, suchte er ohne die Volk und Regierung mediatisierenden Medien auszukommen; es konnte ihm gelingen, weil das deutsche Publikum, noch ein Reservat des genuin Politischen respektierend, an leitende Staatspersonen nicht die Maßstäbe als verbindlich anlegte, die im Fernsehen

Bedingungen des Erfolges sind. Kohl ist es zustatten gekommen, daß sich im Vergleich zur Zeit Adenauers die Medienszene drastisch verändert hatte. Adenauer hatte nur einen elektronischen Gegner, die ARD, und einflußreiche Periodika, wenige an Zahl, von monopolartiger Stellung, wie das Nachrichtenmagazin »Der Spiegel« am Montag und am Donnerstag die Illustrierte »Stern« sowie die intellektuelle Wochenschrift »Die Zeit«. Diese wenigen einflußreichen Träger öffentlicher Meinung konnten jederzeit abgesprochen oder, wahrscheinlicher, den nämlichen idealen Antrieben folgend, Kampagnen gegen des Kanzlers Politik montieren. Das war zu Kohls Zeiten viel schwieriger geworden. Denn die Zahl der Fernsehkanäle hatte sich im Lauf der Jahre ebenso vervielfacht, wie die Einflußstellung der drei Publikationen durch Mitbewerber (wie »Focus«) oder aus anderen Gründen reduziert war. Die Fragmentarisierung der publizistischen Institutionen, die in Deutschland öffentliche Meinung hervorbringen, hat Kohl ebenso genutzt wie die in den elektronischen Medien um sich greifende Entpolitisierung der Programme, die den Wünschen der Zuschauer (auf die nach ihrer Kommerzialisierung Rücksicht zu nehmen war) entsprochen hat.

So konnte Kohl, der in seinen Mainzer Anfangsjahren sich noch angestrengt hatte, zu Medien ein freundliches Verhältnis herzustellen, sich bald und ohne Schaden zu nehmen an den Satz des Philosophen Hegel erinnern, der über die öffentliche Meinung gesagt hat (die, wie er wußte, für eine freie Gesellschaft ganz unentbehrlich ist), die Unabhängigkeit von ihr sei »die erste formelle Bedingung zu etwas Großem und Vernünftigem«. Aber mit Kohls Ende wird auch in Deutschland die Fernsehdemokratie beginnen.

Kohl war 1982 nicht mit einem neuen politischen Programm angetreten, sondern mit viel mehr, dem Versprechen einer »geistig-moralischen Wende«. Mit der ist es gegangen wie mit Erhards »formierter Gesellschaft«, mit Kennedys »New Frontier« oder des Präsidenten Bush »New World Order«: es wurde nichts daraus. Kohl selbst hat unabsichtlich die Wende durch die oft wiederholte Feststellung dementiert, daß seine Position die Mitte sei, er die politische Mitte darstelle – wer aber in der Mitte steht, mag sich wenden, wie er will, und tritt auf der Stelle. Es wird Kohl nicht zu unterstellen sein, daß er die geistig-moralische Wende als mit seinem Amtsantritt schon bewirkt angesehen habe, doch ist es so gewesen: Er war ihr wesentlicher Inhalt. Es veränderte sich das Vokabular, die Unternehmerschaft fühlte sich politisch verstanden, vor allem brachte der neue Kanzler einen dank seinem Lebenslauf unbefangeneren Patriotismus mit und die Bereitschaft, deutsche Interessen als solche zu vertreten und nicht nur den Status quo zu extrapolieren, wie es alle Vorgänger getan hatten. Die neue Regierung wurde auch von der Mehrheit des Publikums, wenngleich nicht der Publizistik, freundlich aufgenommen – ohne daß mit ihr die Hoffnung auf eine wirkliche Wende sich verbinden ließ, unter der man sich nicht nur nichts vorstellen konnte, sondern die auch als Abkehr von der gewohnten und angenehmen Sozialstaatlichkeit der Bundesrepublik durchaus unerwünscht gewesen wäre. So ist es trotz der Annonce von der Wende bei der Kontinuität geblieben, die auch den Generalbaß aller voraufgegangenen Regierungswechsel gebildet hatte. Umschwünge wie von Carter zu Reagan, von Giscard zu Mitterrand oder Labour zu Frau Thatcher: das ist nichts für Deutschland. Kontinuität und Stabilität – die Schlüsselwörter gelten einer inneren Verfassung, die auf soviel Marktwirtschaft wie nötig und soviel Wohlfahrtsstaat wie möglich als Prinzip abstellt. Eine ihm folgende Politik läßt sich ohne Schwierigkeit mit dem Etikett sozialdemokratisch, sozialliberal oder konservativ versehen, was auch die eigentümliche Inhaltsleere bei gleichzeitig großem polemischem Aufwand der deutschen Wahlkämpfe erklärt.

So wird das zunächst erstaunliche Phänomen plausibel, daß sich unter dem Kanzler Kohl, der als Innenpolitiker angetreten war, innenpolitisch nichts verändert hat, jedenfalls nichts, das auf Regierungshandeln zurückzuführen wäre. Für Kohl heißt Innenpolitik Sicherung der Machtbasis und deshalb auch Sicherung des Status quo. So sind in seiner Amtszeit bedeutende innenpolitische Initiativen, die auf ihn selber zurückgingen, überhaupt nicht sichtbar geworden; es hat nur die notwendigen Adjustierungen des

Sozialstaates und seine nicht unabdingbar notwendigen Ausbauten gegeben; es genügt, an die Gesundheitsreform Seehofers und Blüms Ringen um die Pflegeversicherung zu erinnern. Selbst bei diesen nicht eben grundstürzenden Vorgängen ist ein unmittelbar leidenschaftliches Engagement des Bundeskanzlers nicht wahrnehmbar gewesen; offenbar bedrängen ihn keinerlei Überzeugungen, die sich auf Stand und Wandel der inneren Verhältnisse des Landes beziehen.

Adenauer hatte sich innenpolitische Auseinandersetzungen erspart, sie mindestens entschärft durch eine Technik des Handelns, die als Vorabbefriedigung der organisierten Interessen gekennzeichnet werden kann. Vor dem Ausbruch eines Wahlkampfs war über die sozialen Konfliktstoffe im Gespräch mit Gewerkschaften und Unternehmerverbänden etc. schon so weit disponiert, daß sich Angriffswaffen aus ihnen kaum noch schmieden ließen und er die großen Themen vorgeben konnte; im wesentlichen alle die Westintegration Deutschlands betreffend, bei denen das bessere Argument und die historische Logik auf seiner Seite waren.

Während Adenauer den permanenten Kompromiß mit den organisierten Interessen moderierte, um parlamentarisch um so kompromißloser handeln zu können, hat Kohl die Moderation des innenpolitischen Kompromisses noch weiter geführt; er soll den Koalitionspartner umfassen (das war unter Adenauer auch oft unumgänglich) und noch die Opposition.

Diese innenpolitische Kompromißhaftigkeit seiner Politik beruht teilweise auf Einsicht oder Freiwilligkeit, ergibt sich zum andern aus den unterschiedlichen Mehrheitsverhältnissen im Bundestag und im Bundesrat und enthält Manipulationschancen gegenüber den anderen Parteien wie der eigenen.

In einem Wort: das Kanzlerprinzip des Grundgesetzes ist verlorengegangen. Es ist freilich nicht so, daß der Kanzler Kohl es weggeworfen hätte. Erhard hatte sich noch darauf berufen, doch da er gegenüber eigener Fraktion und Partei keine politische Statur hatte – weil man ihn nur als Wahllokomotive nutzen wollte – und keine Autorität gegenüber dem Koalitionspartner FDP, konnte es nicht Basis seiner kurzen Amtszeit sein; immerhin hat er noch in einigen Fällen von der Richtlinienkompetenz (Artikel 65 GG) Gebrauch gemacht. Der Nachfolger Kiesinger war nur Moderator der Großen Koalition und Wegbereiter der sozialliberalen. Brandt verkörperte zweifellos die Richtlinien der deutschen Politik, die sich in seinen Augen auf den Aspekt der Ostpolitik und ihren nachwirkenden Erfolg verengte. Helmut Schmidt empfand sich eindeutig als Zentralfigur der deutschen Politik und suchte das Kanzlerprinzip darzustellen, doch bestanden seine Richtlinien eher in Zensuren für die Arbeit anderer als in Richtungsvorgaben, seinen mutigen Kampf für den sogenannten Doppelbeschluß ausgenommen, der die unzweifelhafte Mitwirkung der Bundesrepublik im westlichen Bündnis verbürgte. Bei Kohl ist vom Kanzlerprinzip nur das grundgesetzliche Minimum verblieben – das konstruktive Mißtrauensvotum (Artikel 67 GG) und die Tatsache, daß das Amt eines Bundesministers mit jeder Erledigung des Amtes des Bundeskanzlers endet (Artikel 69 GG). Hingegen kann nicht mehr ernstlich davon die Rede sein, daß der Kanzler Kohl die Richtlinien der Regierungspolitik bestimmt habe und dafür die Verantwortung trage; noch auch, daß er es war, die Bundesminister auszusuchen und dem Bundespräsidenten zur Ernennung vorzuschlagen (Artikel 64 GG).

Von einer unverständigen Kritik ist Kohl oft ein Hang zum »Aussitzen« vorgeblich drängender Probleme nachgesagt worden. In seinem Verhalten zeigt sich in Wahrheit eine unübertreffliche Ökonomie des Kräfteeinsatzes, der vor allem der Machterhaltung gilt und dem Verfolg nur ganz weniger benennbarer Ziele – wie sich gezeigt hat, zuerst der Einheit Deutschlands und der Förderung der Einheit Europas. Die Richtlinienkompetenz mit ihren potentiellen Universalzuständigkeiten wurde dagegen gleichgültig. Auch die Präsentation von Ministern eines Koalitionspartners wurde in dessen Zuständigkeit delegiert; Adenauer hatte umgekehrt auf die Personenauswahl seiner Bündnispartner nicht nur kommentierend eingewirkt. Kohl profitiert hingegen davon, daß nicht für die Tüchtigkeit von Ministern in Anspruch genommen wird, wer auf ihre Nominierung keinen Einfluß nimmt. Es war konsequent, daß er die Bundesministerien sich zu Parteidomänen entwickeln ließ, in denen eine parteipolitische Monokultur gepflegt werden konnte; zunächst noch mit Ausnahme des Auswärtigen Amtes, bis er sich nach dem Abschied Genschers seiner permanenten Interventionschance in die Führung der auswärtigen Geschäfte sicher sein konnte. Unter Adenauer hatte es, mit dem Bundeskanzleramt als Instrument, eine strikte Kontrolle der Ressorts gegeben. Sein Staatssekretär Globke hieß nicht nur zugleich »Staatssekretär der Bundesregierung«, er war es auch. Die im Bundeskanzleramt spiegelbildlich zu den Ministerien bestehenden Referate bestehen immer noch, doch dienen sie unter Kohl eher zur Unterrichtung statt wie bei Adenauer zur nicht öffentlichkeitsfähigen Unterminierung der selbständigen Führung der Ressorts durch ihre Bundesminister (Artikel 65 GG), denen aber die öffentliche Verantwortung verblieb. Globke dachte sich auch als Vorgesetzter der anderen Staatssekretäre und verfügte über die Diskretion, dies nicht spüren zu lassen.

An die Stelle der verfassungsmäßigen, aber für den Kanzler Kohl unbrauchbaren und lästigen Richtlinienkompetenz trat die Entdeckung der »Chefsache«. Die alberne Vokabel macht zunächst propagandistischen Effekt, soll dem Publikum suggerieren, daß nach vorgängigem Scheitern oder Versagen nun der Patron selbst die Ärmel hochkrempele, um das Nötige zu richten. Der Kern der Erklärung eines Tatbestandes zur Chefsache (die in vielen Fällen über den Propagandaeffekt gar nicht hinausgehen soll) ist aber der, daß der Kanzler das Recht requiriert, irgendeinen Sachverhalt an sich und aus der Zuständigkeit eines Kabinettsmitgliedes zu ziehen, ganz unabhängig von einer Richtlinie der Regierungspolitik, die es gar nicht gibt, die aber notfalls zur Deckung des Vorgehens simuliert werden kann. Die echte Chefsache ist immer eine solche von politischer Brisanz; ihrer Erklärung liegt die persönliche Richtlinie des Kanzlers zugrunde, daß ein Sachverhalt seiner unmittelbaren Entscheidungsbefugnis dann zugeordnet werden könne, wenn er intensiv politisch wird. Im übrigen darf das Kabinett Kabinett sein, der Bundesminister Bundesminister; der Kanzler sieht sich nicht zum Entwickeln von Auffassungen oder auch nur zur Meinungsbildung über Personen und Tatbestände aufgerufen, die für seine Kanzlerschaft nicht wesentlich sind. Diese Kunst des Regierens entspricht nicht eben dem Entwurf der Verfassung, der ihm auch nicht handgreiflich widerstreitet. Es ist ein persönliches Regiment.

Kohl ist ein großer Kanzler, der für sein Land mehr erreicht hat als alle seine Vorgänger und mehr als ein Staatsmann seiner Generation anderswo; sein Regiment aber ist nicht stilbildend und stiftet keine Nachfolge.

XI.
Die Hauptstadt

Die alte neue Hauptstadt Berlin ist bei den Deutschen nicht populär. Das hat sich in der knappen Entscheidung des Bundestages ausgesprochen und ist von jedermann an tausend Einzelheiten auszumachen. Es unterscheidet Berlin auch nicht von anderen Metropolen. Paris ist für die nicht in der Ile de France lebenden Franzosen bei allem Stolz auf ihr Zentrum, den sie empfinden müssen, immer ein Gegenstand der Abneigung, ja des Hasses gewesen; von London heben sich gern Engländer, Schotten, Waliser ab, die dort nicht wohnen müssen; New York kommt den Amerikanern außerhalb unheimlich und unamerikanisch vor. Washington D.C. wird akzeptiert, weil die Stadt nicht als Stadt unter Städten erscheint, sondern als Platz des Bundes, und über das Politische hinaus keine Ansprüche macht.

Die gleiche Schonung ist auch Bonn zuteil geworden. Zwar ist die Stadt nicht Platz des Bundes – es gibt in Deutschland kein unmittelbares Bundesterritorium –, doch war Bonn noch viel mehr als Washington oder auch Bern oder Canberra in Australien die zeitweilige Hauptstadt eines föderativ organisierten Staatswesens, die das logisch mögliche Minimum an Hauptstadtfunktion verkörperte, nämlich nur als

Sitz von Bundespräsident, Parlament und Bundesregierung – doch schon nicht mehr als Sitz irgendeines Bundesgerichts oder einer Oberen Bundesbehörde, die sorglich über das ganze Land verteilt wurden, so daß schon in den Bonner Glanzzeiten das geteilte Berlin mehr Bundesbedienstete beherbergte als die Hauptstadt. Und übers Politische hinaus konnte und wollte Bonn keine Ansprüche machen, denn die Stadt war ja nie Hauptstadt, nur Sitz des einst von den Kölnern exmittierten Kurfürsten, war nicht einmal Verwaltungszentrum gewesen, hatte zwar seit preußischen Zeiten eine bedeutende Universität, aber nicht eine bedeutende Zeitung. Auch die Bundesrepublik hat ihre beiden Rundfunksender Deutschlandfunk und Deutsche Welle in der uralten Großstadt Köln angesiedelt, wo Bonn samt Umgebung als stiller Pensionistenort betrachtet wird. Erst in den letzten Jahren, als die Bonner Glorie schon historisch wurde, sind zu den vom Bund subventionierten Musikalien drei Museen hinzugetreten, die eine vorher fehlende Sehenswürdigkeit begründen. Bonn war für die Deutschen eine bequeme und angenehme Hauptstadt gewesen. Niemand brauchte bewundernd auf- und hinzuschauen, die Stadt hatte nicht mehr Prestige als etwa Kassel und forderte es nicht. Bonn, die Hauptstadt ohne alle historische Voraussetzung, sich am meisten der Nähe zur Wohnung des alten Adenauer verdankend, war ein Symbol für eine den Deutschen höchst erwünschte Diskontinuität der deutschen Geschichte. Ihr Name schien schon dafür zu bürgen, daß keine deutsche Machtpolitik mehr betrieben werde, daß überhaupt die Politik von nun an eher idyllisch als gefährlich sein werde und keiner übertriebenen Beachtung wert; Politik war nicht das Wichtigste im Leben der Nation.

Dem hat der Bonner politische Stil entsprochen. Die Politik lebte wie eine Einquartierung in Bonn, isoliert vom altstädtischen Treiben, nur die Beamten ansässig und in ihren Neubauten auf engem Raum einen In-sich-Verkehr pflegend. Die Parlamentarier suchen die Hauptstadt nur in Sitzungswochen auf – vom Montagnachmittag bis zum Freitagmittag –, wohnen ohne Familie in Kleinappartements und verbringen ihre Freizeit in den vielen Stätten, die für sie bereitgehalten werden und wo sie wenig oder gar nichts zahlen müssen. Ein Kontakt zur Welt außerhalb von Fraktion, Parlament, heimatlicher Landesvertretung oder nahestehendem Interessenverband ist regelmäßig nicht vorgesehen. Auch kann es eine direkte Beziehung zu Medien in Bonn kaum geben, weil dort zwar Hunderte von Korrespondenten für gedruckte und elektronische Presse ihre Pflicht tun, doch die Leitartikler und Meinungsgestalter der Medien physisch nicht erreichbar sind und das symbiotische Verhältnis zwischen Medien und Politik, so charakteristisch für die französische und englische politische Kultur, nicht entstehen kann; in Washington sind wenigstens die großen, die Meinungslandschaft der USA prägenden Kolumnisten zu Hause. Selbst die Bundesminister, die Parteiführer sind in Bonn nicht zu Haus und führen keines. Zwar haben Kanzler, Bundestagspräsident, Außen- und Verteidigungsminister mit dem Notwendigen ausgestattete Residenzen, doch werden auch sie nur unter der Woche genutzt. Allein der Bundespräsident hat in Bonn immer Stellung gehalten und je nach Temperament die Grabesstille der Bonner Wochenenden geschätzt oder unter der Einsamkeit gelitten. Nur wenige Politiker haben aus privatem Antrieb Bonn zum Zentrum ihres Lebens gemacht und auch gesellschaftliche Pflichten übernommen, die überall sonst selbstverständlich wären, wie der Arbeitsminister Blüm und der FDP-Vorsitzende Graf Lambsdorff. Es folgt, daß der Bonner politische Stil immer einer der Selbstisolation in der Politik von der Gesellschaft war, auch der Selbstisolation ihrer Mitglieder untereinander. In Bonn gemachte Politik war darum immer vermittelt, durch förmliche Konferenzen, durch Presseerklärungen, deren Adressat oft nicht die Öffentlichkeit, sondern jemand war, der unter anderen Verhältnissen informeller Gesprächspartner hätte sein können, und durch die Alimentierung der Medien.

Das zweite konstitutive Element des Bonner Stils war die Abwesenheit von Volk. Bonn ist eine mittelgroße Stadt, dominiert von Bundespersonal, der Universität mit ihren Professoren und Studenten; im übrigen die Einheimischen, die es überall gibt und die die Leistungen des täglichen Lebens erbringen. Es gibt so gut wie keine Arbeiterschaft, weil die großen Betriebe fehlen; eine Fahnenfabrik ist noch außerhalb bekannt und der Hersteller einer stattlichen Menge von Gummibärchen; auch kocht einer Eierlikör. Bonn kann Probleme der Wirtschaft oder des Arbeitsmarktes nicht als eigene wahrnehmen. Deshalb waren in der bisherigen Bundeshauptstadt Manifestationen, wie sie Paris bis zum Überdruß erlebt, oder schlichte Arbeitskämpfe nicht denkbar oder folgenlos; wenn die Bundesgewalten durch eine Demonstration beeindruckt werden sollten, mußte sie generalstabsmäßig vorbereitet und weither eingesammelt werden. Umgekehrt konnte die Bonner Politik sich nicht öffentlich darstellen und entwickelte keine Neigung dazu; nicht zufällig, daß die beiden einzigen Ausnahmen in den vierzig Jahren hauptstädtischen Daseins sich mit ausländischen Besuchen, denen der Präsidenten de Gaulle und Kennedy, verbinden; charakteristisch, daß die größte öffentliche politische Inszenierung die Beisetzung des Gründungskanzlers geblieben ist.

Die Bundeshauptstadt Berlin wird einen politischen Stil hervorbringen, der von Grund auf anders ist. Mit dem Namen Berlin wird sich das Stichwort provinziell nicht verknüpfen lassen, das Bonn immer anhaftete – zu Unrecht, weil die in Bonn veranstaltete Politik von Adenauer an keineswegs provinziellen Zuschnitt hatte, sondern in Effizienz und Ergebnis neben der Politik, wie sie in großen Hauptstädten gemacht wurde, sehr wohl bestehen konnte. In München, Frankfurt und Hamburg wurde das Bonner Treiben als provinziell empfunden, doch nicht wahrgenommen, daß diese Städte selbst in Wahrheit provinziell waren, freilich nur in politischer Hinsicht. Dort war die politische Naivität zu Hause, die sich für tugendhaft überlegen hielt, dort standen die Stammtische, an denen kraftlos moralisiert wurde, nicht in Bonn. Dennoch: das mit zunehmender Behendigkeit sich wiederherstellende metropolitane Flair und der Charakter Berlins werden das Odium der Provinzialität nicht zulassen.

Zugunsten der neuen und alten Hauptstadt ist vorab die schlichte Wahrheit festzustellen, daß in den nächsten Dezennien Berlin nur gewinnen, jede andere deutsche Großstadt nur verlieren kann. Eine zweite schlichte Wahrheit ist allerdings gleich anzufügen: jede Hauptstadt wird von politischem Substanzverlust bedroht; und die europäische im besonderen. Solange der Kapitalmarkt weltweit und frei ist, wird es keine Regierung mehr geben, die in altgewohnter Weise noch Herrin einer nationalen Volkswirtschaft wäre, und die europäische Einigung hat unabweisbar den Verlust von Zuständigkeiten im Gefolge, die zunehmend auch alles Außerökonomische entleeren, selbst wenn noch auf lange Zeit der Einigungsprozeß formell Außen- und Sicherheitspolitik nicht umfaßt. Kein Mitgliedsland der Europäischen Union, mag es auch Siegermacht des Zweiten Weltkriegs und Nuklearmacht sein, hat noch ein *ius belli,* das über kleine Interventionen polizeilicher Natur hinausginge. Nur im Verein und also nicht dank autonomer Entscheidungen in den nationalen Hauptstädten können die noch im glanzvollen Status klassischer Völkerrechtssubjekte sich wähnenden Nationen Außen- und Sicherheitspolitik von einigem Gewicht betreiben. Den politischen Substanzverlust wird man den Hauptstädten kaum ansehen, ein unwiderstehliches Bedürfnis nach Darstellung nationaler und historischer Identität wird Dekoration und Repräsentation genügend absichern. Auf Brettern, die Politik bedeuten, aber nicht tragen, findet nun als Spiel fürs Publikum statt, was vordem Ernst gewesen war. In den europäischen Ländern werden keine Monumente mehr für Helden, nur noch für Opfer gebaut; nur ein Zeichen unter vielen, daß Politik nicht mehr ihr nationales Schicksal ist.

Doch wird den Hauptstädten, Berlin darunter, ein beträchtliches Reservat des Politischen bleiben. Die Inneneinrichtung der Staaten wird in ihnen festgelegt, und auch die Deutschen werden, weil die anderen ihre Seele nicht zur Disposition stellen wollen, endlich von dem in Bonn nicht selten spürbaren Drang ablassen, möglichst viel vom Eigenen nach Europa zu delegieren, sich selber von Politik zu dispensieren (was sich auch darin gezeigt hat, daß wir das kleine Personalkaliber für die europäischen Instanzen bevorzugen und uns damit von bedeutenderem Einfluß freistellen). Berlin wird ebenso Hauptstadt werden, wie es Paris und London sind. Unsere Hauptstadt hat solide kulturelle Fundamente, aber nicht ausreichende gesellschaftliche und ökonomische und so gut wie keine ungebrochene Tradition, die fortzusetzen wäre. Die Stadt, die die Wiedervereinigung mühsamer verarbeitet als das Land im ganzen – die wechselseitige Abneigung der weniger subsidierten westlichen Kleinbürger und der noch nicht hinreichend subsidierten östlichen mag noch Jahrzehnte anhalten –, beginnt in der neuartigen Situation, nicht mehr zugleich Hauptstadt des größten Teilstaates zu sein. Die Existenz Preußens war vom alliierten Kontrollrat 1947 förmlich beendet worden, womit er aber bloß den Totenschein ausgestellt hatte, da die preußische Geschichte spätestens mit dem »Preußenschlag« des Reichskanzlers von Papen 1932 ihr Ende gefunden hatte. Der wohlbegründete Affekt gegen Preußen wie seine wohlbegründete Glorie sind für die Hauptstadt gleichermaßen bedeutungslos, von den Baudenkmalen abgesehen, ohne welche die Stadt nur eine trostlose Ansammlung wäre. Kaum das Kaiserreich, nicht die Republik noch Faschismus, noch Kommunismus und Brückenkopf der freien Welt haben dem architektonischen Ensemble Erinnerungswürdiges, vergleichbaren Hauptstädten Vergleichbares hinzugefügt. Ebensowenig fördert die Berufung auf den Glanz, der Berlin einst eigen war. Die intellektuellen Aufschwünge der preußischen Reformzeit zu Beginn des 19. Jahrhunderts wie diejenigen an seinem Ende bis zum Ersten Weltkrieg bieten kaum Anknüpfungen, die von privaten oder öffentlichen Händen zu ergreifen wären; am ehesten noch die Zeit der zwanziger Jahre, die innerhalb und außerhalb Deutschlands bis zum heutigen Tag das Bild Berlins als eines intellektuell-künstlerischen Zentrums am stärksten geprägt haben, obgleich die Blüte im Abstand zu den früheren eher eine Nachblüte und der Glanz auch der von Talmi gewesen ist. Aber in den darstellenden Künsten hat Berlin immer exzelliert; hier wird sich die Fortsetzung am leichtesten ergeben. Zu denken, wie es westdeutsche Kritiker der knappen Entscheidung gegen Bonn und für Berlin taten, daß das Andenken an die Greuelherrschaft der NS-Zeit und auch des Kommunismus, deren Spuren auf Berliner Wegen unauslöschlich bleiben, der Hauptstadt und damit dem Land dauerhaft mißlich sein würden, ist recht abwegig. Dergleichen begründet oder steigert den folgenden Generationen das Faszinosum, das eine Weltstadt gewährt.

Mit ihrem Umzug nach Berlin kommt die Binnenisolation der deutschen Politik zu ihrem Ende. Zu den Funktionen einer großen Hauptstadt hat immer die gehört, nicht nur die Arena von Entscheidungen zu sein, sondern der erste Ort der öffentlichen Meinung eines Landes und die Börse, an der politische und gesellschaftliche Ideen gehandelt und bewertet werden und wo die Eliten des Landes sich messen. Wort und Begriff der Elite sind im Egalitätswahn der Deutschen nach dem Krieg in Verruf geraten: Gleichheit mehr als Freiheit hielten sie für die Quintessenz des Demokratischen und schleppten damit gutwillig-unbewußt ein Erbe der Volksgemeinschaft der Nazis weiter. Es ist auch richtig, daß sie über alte Eliten, die über alle Wechsel der politischen Form hinweg einen

Dienst am Gemeinwohl als lohnenden Auftrag empfinden, nicht mehr verfügen; gleichwohl haben sie als unvermeidliches Ergebnis der gesellschaftlichen Selektion und der persönlichen Leistung die verschiedensten Eliten, die den Comment, die Konventionen und meist auch die Ergebnisse des gesellschaftlichen Handelns in Politik, Wirtschaft, Wissenschaft und Kultur bestimmen. Für die alte Bundesrepublik war die Kommunikationsschwäche unter den Eliten kennzeichnend, weil es eine Vielzahl von Zentren, aber eben keine Hauptstadt im Vollsinn des Wortes gegeben hat.

Noch in der zweiten Legislaturperiode nach Wiederherstellung der Einheit ist Berlin nicht zum Sammelort und Treffpunkt der Eliten geworden. Die Politik sitzt noch am Rhein, die Universitäten haben keinen höheren Rang als andere, die Medienpräsenz ist schwächer als in fast allen anderen deutschen Großstädten, die Wirtschaft weder durch Vorstände noch durch Verbände in der Hauptstadt anwesend; nur Musik und Theater haben sich, das übrige Deutschland überragend, behauptet. Doch ist kein Zweifel begründet, daß die politische Installation der Hauptstadt eine Leitfunktion haben wird.

Berlin wird nämlich nicht nur Hauptquartier der Bundespolitik sein, sondern auch Lebensmittelpunkt der sie gestaltenden Personen werden. Vordem hatte es wenig Reiz für Minister und Parlamentarier, sich und ihre Familien in der Hauptstadt auf einige Dauer niederzulassen und dafür angenehme Ortschaften, die leicht mehr bieten konnten, als Bonn vermochte, aufzugeben. Die großen Verbände, auf den Kontakt zur Bundesgewalt ständig angewiesen, werden ihre Umzüge *uno actu* bewerkstelligen, auch die umfassen, die sich nie die Mühe gemacht hatten, sich in Bonn niederzulassen, wie der DGB. Berlin wird herstellen, was die Bundespolitik bisher nicht kannte: volle politische Arbeitswochen und geselligen Verkehr des politischen Talents, wie er für alle wirklichen Hauptstädte der Welt charakteristisch ist.

Für die großen Veranstalter im Reich der öffentlichen Meinung hatte es zu Bonner Zeiten keinen Anreiz gegeben, ihre Pflanzstätte zu verlassen und in die Hauptstadt zu gehen. Von Hamburg oder München aus mochte man dem Bonner Treiben wohlwollend oder geringschätzig zusehen; ein patronisierendes Verhältnis zur politischen Anstrengung der in Bonn domizilierenden Verfassungsorgane war nicht unnatürlich; ein Sitz oder Erscheinungsort Bonn steigerte kein Prestige, sondern minderte es. Für Berlin wird gemach das Umgekehrte gelten – eine Publikation mit nationalem, gar europäischem Anspruch wird ihn weniger glaubwürdig realisieren können, wenn sie nicht in Berlin erscheint. Berlin wird für die öffentliche Meinung Deutschlands New York und Washington in einem sein. Das Hollywood Deutschlands, das die Stadt einmal gewesen ist, wird es nur spurenhaft werden; für die Unterhaltungsindustrie ergibt sich fürs erste keine überwältigende Motivation, sich auf Berlin zu konzentrieren.

94

Jede Hauptstadt vergißt oder übersieht gern, daß sie ihren Rang mehr den Zugereisten als den Einheimischen verdankt. Das war schon im Weimar Carl Augusts in eminenter Weise der Fall, ist in Paris und London immer so gewesen und war im alten Berlin nicht anders. Immerhin stellen die Ansässigen allenthalben nicht nur Unterbau und Kulisse, sondern prägen Charakter und Ambiente der Stadt. Das Volk von Berlin, früher wegen seines schnellen Witzes mehr gerühmt als später, wenngleich seiner nicht völlig verlustig, fällt im Vergleich zu Parisern und Londonern durch eine Instabilität des Selbstbewußtseins auf. Nichts von der Selbstverliebtheit der Pariser, dem Unterschichtenstolz der Cockneys; bloß das vergnügte Laubenpiepertum von Kleinbürgern, denen die gesellschaftliche Orientierung abhanden gekommen ist. Die Berliner »Gesellschaft« im alten Sinne hat die Zusammenbrüche nicht überlebt. Ihre unvergleichliche Lebendigkeit war aus dem Zusammenfluß von Aristokratie, Großbürgertum und Juden entstanden; dahingesunken alle drei.

Die drei Elemente, die Berliner Gesellschaft und Geistigkeit unverwechselbar konstituiert hatten, lassen sich nicht wiederherstellen. Die preußische Aristokratie ist mit den Kriegs- und Zeitläuften verarmt, verbürgerlicht, im mittleren Management gehobener Berufe untergekommen, nicht mehr auf gesellschaftliche und intellektuelle Gestaltung aus. Der große west- und süddeutsche Adel sitzt auf seinen Schlössern, verwaltet Vermögen und Familientraditionen, genießt die eigene Verhaltensunauffälligkeit und steht zum Einzug in die Hauptstadt nicht bereit. Die berlinischen Juden, Träger einer Symbiose mit den nichtjüdischen Deutschen, wie es sie nirgends sonst gegeben hat, waren ein Hauptziel des nazistischen Vernichtungshasses und sind umgebracht oder zerstreut worden in alle Welt. Allmählich finden sich zwar Juden wieder ein, beginnen auch eine erwünschte Rolle bescheiden zu spielen, dafür gern kritisiert von historisch-unerprobt moralisierenden Sprechern der amerikanischen Diaspora, doch nur eine schwache Hoffnung darf sich darauf richten, daß Juden im Leben der Stadt noch einmal eine Wirtschaft und Gesellschaft vitalisierende Rolle übernehmen würden. Bleibt das Großbürgertum.

Das ansässig gewesene Großbürgertum ist im Lauf der letzten Jahrzehnte von Berlin gewichen. Im Osten der Stadt durfte es nicht mehr verweilen, ohne sich aufzugeben; im Westen, in der isolierten Lage Berlins seit 1948 waren ihm die Grundlagen der Subsistenz entzogen: Berlin, vordem der erste Wirtschaftsplatz Deutschlands und neben Frankfurt auch ein wichtiger Finanzplatz, wurde bis auf ganz geringe Ausnahmen Sitz von Fertigungsstätten und von Verwaltungen, deren Oberhäupter sich in den westlichen Zentren einrichteten und unter deren günstigeren Bedingungen die alten Geschäfte fortführten und ausbauten. Von ihnen könnten viele den Weg in die Hauptstadt zurück nehmen, nicht viele werden es im ersten Ansturm tun.

Die erste Wanderungsbewegung der Vorstände wird aber schon genügen, neben den Großverbänden und den Hunderten von kleinen eine für die Veränderung der politischen Kommunikation hinreichende Präsenz der Wirtschaft zu stellen. Abgesehen von den überregionalen Medien, die gewiß nicht nur Redaktionen nach Berlin umtopfen, sonden auch die verlegerischen Aktivitäten, wird sich die Frage der Rückkehr nach Berlin sehr rasch für die Vielzahl der Unternehmen stellen, die den Namen der Hauptstadt in ihrem eigenen führen und in der Zeit der Teilung geflüchtet waren. Hinzu treten gleich jene, für die die geschäftliche Beziehung zur Bundesregierung als Auftraggeberin geschäftswesentlich ist; so muß nicht der Vorstand der Mercedes-Holding in Berlin residieren, aber der Vorstand der Aerospace wird es praktisch finden, es zu tun. Die Bahn wird ihr Hauptquartier in Berlin ausbauen, für die Telekom sich Berlin als vernünftiger Standort empfehlen, selbst wenn die Post auf längere Zeit noch in der Bundesstadt Bonn bleiben sollte. Die Lufthansa wird darüber nachdenken, ihren obsolet gewordenen Verwaltungssitz Köln aufzugeben, um sich entweder für ihren wirtschaftlichen Schwerpunkt Frankfurt oder für Berlin zu entscheiden. Und es ist nicht phantasielos, sich vorzustellen, daß das einzige Multimedia-Unternehmen Deutschlands von globalem Anspruch – Bertelsmann – sich zum Umzug aus dem pittoresken Gründungsort Gütersloh entschließt. Jede einzelne solche Entscheidung löst eine Sogwirkung für die nächste aus. Die Geschäftswelt lebt und verkehrt gern miteinander, hat auf die Synergiewirkung eines Zentrums lange verzichten müssen und die Unbequemlichkeiten beklagt, die der permanente Reisezwang einem deutschen Wirtschaftsführer auferlegt. Erst später wird er merken, aber nicht beklagen dürfen, wie sehr er die zwangsweise Entfernung vom eigenen Schreibtisch schon aus Statusgründen doch genossen hat.

Der Umzug großzügig entlohnter Wirtschaftsleute bringt noch kein Großbürgertum von Besitz und Bildung in die Stadt, doch eine Schicht, die es werden kann und sogleich seine Funktion erfüllt – Leute, die nicht nur ein Haus haben, sondern es auch öffnen. Das ist eine unabdingbare Voraussetzung von Geselligkeit und Gesellschaft, an die sich auch politisches und akademisches Personal gewöhnen und anpassen wird. Das neue Geld kommt der Gastronomie zugute, die bislang einen weltstädtischen Anstrich nicht hat, und wird dazu beitragen, die Vulgarität im Straßenbild allmählich zu korrigieren. Erst mit diesem Umzug wird der Kurfürstendamm eine Chance haben, mit dem Faubourg St. Honoré, der Fifth Avenue vergleichbar zu sein. Zugleich gewinnt Berlin ein Publikum wieder, das mit einer Presse versorgt sein möchte, die sich mehrsilbig auszudrücken nicht scheuen muß. Wer den bisherigen Zustand der Berliner Publikationen beklagt, übersieht die große Leistung, die darin gelegen hat, ohne eine hauptstädtisch gestimmte und gebildete Leserschaft überhaupt Zei-

98

tungen hervorzubringen, die Beachtung finden konnten.

Die Deutschen, die sich an die Bonner politische Wirklichkeit durch drei Generationen gewöhnt hatten, müssen noch lernen, daß sie die Ausnahme war und daß die berlinische normal sein wird. Im hauptstädtischen Dialog der Führenden und Einflußnehmenden in Politik, Wirtschaft und Medien, der den Hauptstädten alltäglich und selbstverständlich ist, werden auch einige Malaisen verschwinden, unter denen die Bundesrepublik nur deshalb nicht gelitten hat, weil sie sie kaum bemerkte. Dazu gehört die Sprachlosigkeit der Eliten untereinander wie im Umgang mit der demokratischen Öffentlichkeit. Es gehört dazu die für eine große Industrie- und Exportnation nicht hinnehmbare Wirtschaftsfremdheit der Politiker wie die ebenso schädliche politische Naivität, die das Gros der deutschen Unternehmer prägt. Vor allem gehört dazu der Abstand zwischen Medienbetreibern und der Politik wie der Wirtschaft. Solange die für die Medien Verantwortlichen physisch weit von Politik entfernt waren, sich nur über Korrespondenten oder gelegentliche Besuche mit der politischen und wirtschaftlichen Welt in ein oberflächliches Benehmen brachten, mußten sie immer versucht sein, eine bloß moralisierende Mentalität gegenüber den Handelnden zu entwickeln und zu pflegen; demgegenüber war die Bereitschaft gering, deren Motive und Interessen kennenzulernen und in dieser Kenntnis sich ein Urteil zu bilden. Ein moralisierender Hang wird den Medien, und nicht nur den deutschen, immer bleiben und wird auch oft genug begründeten Anlaß zum Aufschrei finden; doch werden schlichte Analyse und ein Respekt vor der Realität und ihren Forderungen eine viel größere Chance haben.

Zwei Gespinste gehen noch immer in westdeutschen Hirnen um, die die liebenswerte alte Bundesrepublik so gern gehabt haben und in deren Gedächtnis die Hauptstadt Berlin nur abscheulich gewesen ist: Berlin bedeute Hinwendung zum Osten und die Gefahr einer Rückkehr zum lauten politischen Großsprechertum. Aber es wollen sich die Belege nicht finden lassen, die nahelegen, daß das republikanische Berlin sich wilhelminisch gebärden möchte; wer wieder wer ist, wird es eben nicht hinausposaunen, sondern der, der wer werden will. Und Berlin östlich? Wien liegt östlicher und hat nie für östlich gegolten, und heute haben die östlichen Nachbarvölker keine größere Sehnsucht als die, selber auch westlich zu sein. Die antiberlinischen Affekte sind antipreußische. Preußen ist tot und liegt nur in Berlin begraben.

XII.
Wie das Grundgesetz in
Kraft treten kann

Das Grundgesetz für die Bundesrepublik Deutschland
ist am 23. Mai 1949 verkündet worden. Es wurde
statt »Verfassung« Grundgesetz genannt, weil die
Bezeichnung weniger definitiv anmutete als die im
deutschen Staatsrecht hergebrachte – und damit zum
Ausdruck kam, daß der Staat, dessen Basis es bilden
sollte, sich so lange nicht als definitive Gründung
begriff, wie die Wiedervereinigung noch nicht erreicht war. Dieser Vorbehalt drückte sich auch in der
Präambel aus, in der das deutsche Volk aufgefordert
blieb, seine Einheit und Freiheit zu vollenden, und im
Artikel 146, der die im übrigen selbstverständliche
Tatsache feststellte, daß es außer Kraft trete, wenn
das ganze deutsche Volk in freier Entscheidung eine
neue »Verfassung«, wie es an dieser Stelle hieß, be-
schlossen habe. Dieser nicht definitive Charakter des
Grundgesetzes machte ein substantielles Charakteri-
stikum nicht aus, denn seinen Regelungen hat von
vornherein nichts Provisorisches angehaftet. Auch
war für die Wiedervereinigung oder Wiedervereini-
gungen ausdrücklich eine andere Vorkehr eröffnet,
nämlich die des Beitritts der ostdeutschen Länder
(Artikel 23). Der Name Grundgesetz, der für die
Verfassung Deutschlands bleiben wird, verdient ge-

genüber dem herkömmlichen durchaus den Vorzug; der Name Verfassung suggeriert, daß das fundamentale Rechtsdokument tatsächlich die Verfassung eines Landes beschreiben oder gar begründen könne, die doch weit mehr umfaßt als alles Staatlich-Politische; das Wort Grundgesetz wirkt der Anmaßung des Politischen entgegen, oberste oder gar einzige Instanz des Lebens der Nation zu sein.

Es gehört zu den deutschen Merkwürdigkeiten, daß dieses Grundgesetz nach den Vorstellungen so einflußreicher wie wohlmeinender Deutscher für die Wiedervereinigung 1989/1990 zur Disposition gestellt werden sollte; die verantwortlichen Parteiführungen, vorab der Bundeskanzler, hielten davon nichts. Für die Ersetzung des Grundgesetzes durch ein neues, gesamtdeutsches Verfassungsdokument schien zuerst die Überlegung zu sprechen, daß die staatliche Einheit nur oder doch am besten mit Hilfe einer vorgeschalteten Konföderation der beiden deutschen Staaten zu erreichen sei; und sodann die sich demokratisch empfindende oder gebende Aufwallung, das deutsche Volk müsse sein gemeinsames Schicksal durch Wahl einer Nationalversammlung beginnen, welche eine den Deutschen gemeinsame Verfassung auszuarbeiten hätte. Hinter beiden Motivationen oder Überlegungen stand eine Mentalität des Kleinmuts – zum ersten, weil die Willensschwächeren sich die Zukunft nur als Evolution eines im Grunde für unabänderlich geachteten Status quo vorstellen konnten, und zum zweiten die noch lang nachwirkende Überzeugung, daß es den schonungsbedürftigen Seelen der Ostdeutschen nicht zuzumuten sei, ihren Staat einfach preiszugeben und sich der westdeutschen Bundesrepublik anzuschließen, wie es auch nach der gleichen Gesinnung den Westdeutschen moralisch nicht gestattet sein sollte, den Gewinn der Einheit als einen Sieg ihres Staates über den oktroyierten der sowjetischen Besatzungszone anzusehen.

Das Grundgesetz, das sich nach der Wiedervereinigung zum zweiten Male bewähren soll, hat in der alten Bundesrepublik nicht entscheidend dadurch als politisches Instrument eingebüßt, daß es in der Grundanlage als Reaktion auf die Weimarer Verfassung konzipiert worden war; und zwar falsch. So hat das Grundgesetz die starke Stellung des Reichspräsidenten beseitigt und dafür die des Bundeskanzlers gestärkt. Diese Änderung hat sich bewährt; nur als Ergebnis eines angeblichen Lernprozesses aus Weimarer Erfahrungen ist sie falsch, denn das böse Schicksal der ersten Republik ist weder von dem überzeugten Demokraten Ebert, ihrem ersten Präsidenten, noch von dem monarchisch gesinnten, aber verfassungstreuen Feldmarschall von Hindenburg heraufgeführt worden. Die ersten Jahre von Hindenburgs Amtszeit, die 1925 begonnen hatte, waren eher die besten im kurzen Dasein der Republik. Daß Hindenburg dann und nachdrücklich nach Beginn der für das deutsche Reich fürchterlichen Weltwirtschaftskrise immer stärker an Präsidialregierungen dachte, war eine Konsequenz aus dem Versagen der politischen Parteien und des Weimarer Parlamentarismus, wobei es wenig verschlägt, daß die Sympathien des Präsidenten solchen legalen, aber unparlamentarischen Lösungen zuneigten. Als politisches Modell war das präsidiale Regieren ungefähr dem der Fünften Republik Frankreichs gleichzuachten, für die es von de Gaulle von vornherein als politische Form ausersehen war.

Weit folgenreicher war die auf den gleichen Reminiszenzen beruhende oder dafür ausgegebene antiplebiszitäre Wendung des Grundgesetzes. Es vertritt das Repräsentativsystem in einer Reinheit wie sonst beinahe nur die britische Verfassung, sieht direkte Manifestationen des Volkswillens nur für territoriale Neugliederungen unter den Bundesländern vor. Die Weimarer Republik war jedoch keineswegs an Volksabstimmungen oder der Direktwahl des Reichspräsidenten gescheitert; eher im Gegenteil. Noch 1932 hatte die Präsidentenwahl den damals für die demokratische Republik stehenden Hindenburg bestätigt und den Führer der NSDAP Hitler abgewiesen (und selbst die Wochen nach seiner Machtergreifung stattfindende letzte freie Wahl ergab keine Mehrheit der Nazipartei). Das geheime, der Mehrheit der Verfassungsväter wahrscheinlich nicht bewußte Motiv gegen jede Form der direkten Demokratie wird ein anderes gewesen sein als Erinnerung an eine imaginierte Vergangenheit: nämlich die Tatsache, daß die Parteien, die den Parlamentarischen Rat beschickten, längst etabliert waren, die politische Macht, soweit in deutscher Hand, längst parzelliert hatten und gegenüber jeder unmittelbaren Regung des Volkswillens das Mißtrauen empfinden mußten, das seine Vertreter immer auszeichnet.

Der antiplebiszitäre Affekt der Parteien, der sich im Grundgesetz niedergeschlagen hatte (und das im ganzen ebensosehr als Krisensicherungsanlage wie als Regelwerk staatlichen Handelns zu lesen ist), war nach mehr als drei Jahrzehnten demokratischer Praxis schwach geworden. Eine auf irgendeine Volksregung rückführbare innere Krise hatte es nicht gegeben – eine äußere war ohnedies nicht in das Gesichtsfeld der Verfassungsväter getreten, die jede äußere Gefahr als Angelegenheit der Siegermächte ansehen mußten –, der institutionelle Aufbau war längst abgeschlossen und auch nach der Wiedervereinigung nicht zu komplettieren. Der Ideenvorrat und die Kontroversenbereitschaft der Parteien schienen erschöpft, während gleichzeitig sich ein Bedürfnis der Bevölkerung nach unmittelbarer Mitwirkung an den sie unmittelbar betreffenden oder für einsichtig gehaltenen Geschäften bemerkbar machte. Die verheißungsvolle wie mißverständliche Vokabel »Basisdemokratie« kam in Umlauf; mißverständlich, weil die Wahrheit verschleiernd, daß es keine Basis gibt, die durch sich selber redet, sondern durch Sprecher, Geschäftsführer mit und ohne Auftrag. Diese, den alten Parteien und den Verfassungsorganen nicht zugeordnet, können Stichworte und Empfindungen, die

Menschen bewegen, rasch aufgreifen, mit erwünschter Emphase ausstatten und um so eher bewirtschaften, als ihnen die Bevölkerung eine überlegene Legitimität im Vergleich zu derjenigen der staatlichen Apparate verleiht. Daß eine erfolgreiche basisdemokratische Bewegung eine permanent spontane nicht bleibt, sondern ihre Anstrengung organisiert und kanalisiert und endlich selber in die staatlichen Apparate einmündet, nimmt nichts von ihrer ursprünglichen und gegenüber den älteren Teilhabern größeren demokratischen Frische und damit überlegener demokratischer Moral.

Im vierten Jahrzehnt der Geltung des Grundgesetzes trat zum schwächer gewordenen antiplebiszitären Affekt eine deutlich unsicherer gewordene Entscheidungsfähigkeit der Leitungsinstanzen, die zum ersten Male die förmliche Hereinnahme plebiszitärer Elemente in die politische Prozedur herbeiführte. So hat die SPD, als ihre Spitze die Nachfolge ihres Chefs Björn Engholm nicht zu lösen vermochte, die Entscheidung an die Parteibasis delegiert; diese hat sich, typisch für ein Personalplebiszit mit mehreren, darunter profilierten und Fronten bildenden Kandidaten, für den farblosesten entschieden. So hat die CDU ihren Spitzenkandidaten zur NRW-Landtagswahl 1995 plebiszitär bestellt, und so hat die SPD sogar die Frage der Koalitionsbildung nach der Bürgerschaftswahl in Bremen 1995 plebiszitär entscheiden lassen.

Diese, von den alten Gewährsträgerparteien nicht gewünschte und nicht herbeigeführte, aber als unausweichlich und in einzelnen Fällen auch als praktisch und entlastend konzedierte Entwicklung wird irreversibel sein und allmählich auch auf das Verhalten staatlicher Organe durchschlagen. Deswegen braucht der Text des Grundgesetzes nicht verändert zu werden (das bisher schon mehr als vierzigmal geändert worden ist), doch wird es sich den Parteien vielleicht sogar empfehlen, für Volksbefragungen und Volksabstimmungen ausdrücklich Vorkehr im Grundgesetz zu treffen. Bevor nämlich in die Staatspraxis als ein nicht seltenes Vorkommnis eingeht, daß Parlament und Regierung sich entsprechend informellen basisdemokratisch festgelegten Vorgaben verhalten, wird es sich empfehlen, im GG-Text solche Feststellungen von Volkswillen ausdrücklich vorzusehen – um eben basisdemokratischen Vorstößen, die nicht ausdrücklich aufgeführt sind, einen Riegel vorzuschieben. Das wird vornehmlich finanzrelevante Vorhaben betreffen, die in einem großen und komplizierten Gemeinwesen wie Deutschland den repräsentativen Körperschaften vorbehalten bleiben müssen.

Es scheint paradox, daß einerseits eine Sehnsucht in der Bürgerschaft des Landes sich auf Partizipation und unmittelbare Demokratie richtet, während andererseits die überhaupt nicht erkennbar demokratisch legitimierten Institutionen wie Bundesverfassungsgericht und Bundesbank über ein verläßlicheres Prestige verfügen als Bundestag und Bundesregierung. Dieses höhere Prestige ist ihnen deshalb zugewachsen, weil sie nicht als *political* im angelsächsischen Sinne gelten, als parteipolitisch, wie man auf deutsch sagen muß; ein ähnliches Prestige pflegt auch ein Bundespräsident im Lauf der Amtszeit zu gewinnen, sobald die Auseinandersetzung um seine Wahl Vergangenheit und nur seine schiedsrichterliche und moralische Funktion Gegenwart ist. Der Tendenz des Zeitalters, den nur noch als lästig und drückend empfundenen Parteienstaat loszuwerden, zumindest zu beschränken, würde es durchaus entsprechen, dem Staatsoberhaupt relevante Funktionen zu übertragen, die bislang zu den Zuständigkeiten und Patronagemöglichkeiten der Parteien gehörten – wie etwa die Auswahl der hohen und höchsten Richter oder die Nominierung von Mitgliedern von Kontrollgremien der öffentlich-rechtlichen Medien. Die gleiche Tendenz würde z. B. die kräftigere Ausstattung der Rechnungshöfe (mit Ermittlungs-, Klage- und Anklagerechten) begrüßenswert finden.

Die berühmte Stabilität der alten Bundesrepublik, auf dem Fundamentalkonsens der Gewährsträger aus Parteien und gesellschaftlichen Großorganisationen beruhend, war im Lauf der Jahrzehnte zum politischen Fetisch und zur politisch-gesellschaftlichen Stagnation geronnen, hatte die Innovationsfähigkeit und damit auch das Wahrnehmen ökonomischer Chancen gelähmt. Die dieser Stabilität gemäße Hochmoral hatte zugleich eine Mentalität begünstigt, die Veränderung und Erfindung, ja die Spontaneität und den außergewöhnlichen Einfall zunächst vor ein

Tribunal des Verdachts stellte und ihre Urheber in die Defensive drückte und ihnen Rechtfertigungszwang auferlegte. Jeder Enthusiasmus für ein Neues, gar Risikobehaftetes wurde als Störung empfunden und mit dem Entzug von Publizität geahndet. Die eine Zeitlang herrschende Technologiefeindlichkeit war einer der Ausflüsse dieses Denkens, das sich den Horizont mit Stabilitätsgeboten zugestellt hatte, gegenüber dem Publikum die Gefahren stärker herauskehrte als die Chancen und schließlich eine Art unbeabsichtigte internationale Arbeitsteilung hervorbrachte: die anderen forschten, und Deutschland lieferte die Moral. Diese Stabilität geht verloren. An ihre Stelle könnte Instabilität treten, und tatsächlich gibt es eine lautlose Besorgnis, die Berliner könne der Weimarer Republik ähnlicher werden, als den Deutschen lieb sein kann. Die Befürchtung mag aus pädagogischen Gründen weiterbestehen, die wahrscheinliche Zukunft trifft sie nicht. Die Institutionen der Republik selbst sind stabiler als die der Weimarer Zeit, konnten ihre solide Statik und Funktionstüchtigkeit in den ersten Jahrzehnten kaum zeigen, weil die Stabilität der Gewährsträger des Grundgesetzes und der politischen Verfassung allzeit im Vordergrund gestanden hat. Die Organe der Verfassung und die ihnen nachgeordneten Apparate brauchten bisher nicht zu demonstrieren und zu beweisen, was sie leisten können – nämlich in einem instabil gewordenen gesellschaftlichen Umfeld bei einem labiler gewordenen Verhalten der Bevölkerung diejenige Verläßlichkeit und Funktiontüchtigkeit zu garantieren, die Deutschland braucht.

Die Erosion der Altparteien, das allmähliche Verrotten des Parteiensystems und das sanfte Ende der alten Konsensdemokratie kündigen kein Chaos, sondern einen auch im internationalen Vergleich als normal anzusehenden Zustand an, von dem nicht anzunehmen ist, daß ihn die Instrumente der staatlichen Verfassung nicht greifen könnten. Das Grundgesetz wird auch nach dem Niedergang seiner Gewährsträger das Grundgesetz bleiben.

Das Wehklagen der Parteien über sinkende Wahlbeteiligung und ihre sinkenden Anteile betrauert eine allgemeine gesellschaftliche Entwicklung, die so verbreitet wie unabwendbar scheint. Die Engagementbereitschaft der Deutschen gilt nicht mehr primär dem organisierten politischen, humanitären, unterhaltenden gesellschaftlichen Interesse, nicht mehr den Kirchen, Gewerkschaften, Liedertafeln, Skatklubs, Sport- und Wandervereinen; gab es noch vor wenigen Jahren über fünf Millionen Deutsche des Westgebiets, die Ehrenämter wahrnahmen, so sank ihre Zahl auf weniger als die Hälfte. Daraus zu schließen, daß die deutsche Gesellschaft dem Egoismus und dem Hedonismus, der radikalen Individualisierung anheimfalle, ist aber falsch. Gerade die jüngere Generation zeigt eine erstaunliche Bereitschaft, Kraft, Mühe und Geld für überindividuelle Zwecke aufzuwenden, sich spontan, nicht vereinsrechtlich zu Aktionen zu verbünden, die irgendeine bürgerliche

Verbesserung zum Zweck haben. Die Entwicklung ist ein Alarmzeichen für Altorganisationen und trifft selbst klassische Interessenvertretungen, die als unerschütterlich galten, wie Unternehmerverbände; in nicht wenigen Fällen wird sie als lebensbedrohend empfunden – Alarmsignale für die bürgerliche Gesellschaft aber sind das nicht.

Wenig spricht dafür, daß die Veränderung des Engagementsverhaltens von den politischen Parteien eingefangen werden könnte. Ihre nach Wahlen gern ausgesprochene Entschuldigung, daß sie ihr Potential nicht hätten mobilisieren oder gar ausschöpfen können, verdeckt nur die Wahrheit, daß es das vermutete Potential nur noch als ein historisches, nicht mehr aktualisierbares gibt. Wie der in der früheren Geschichte der Bundesrepublik wirksame antiplebiszitäre Affekt (freilich nur als ein Placebo) die deutsche Stabilität schützte, so wird dies künftig die plebiszitäre Teilnahme der politisch aktiven Bürgerschaft an den öffentlichen Angelegenheiten tun; und zwar auf allen drei Hauptebenen – Gemeinde, Land, Bund –, auf denen politische Macht verwaltet wird. Dieser plebiszitär herbeigeführten und abgesicherten Stabilität als einer regelmäßigen Komponente im politischen Prozeß wird überdies der Effekt zugute kommen, daß sie nicht in gleicher Weise unter dem Gültigkeitsvorbehalt der richterlichen Nachprüfung steht wie das zum Nachteil der parlamentarischen Entscheidung in der alten Republik zum Regelfall geworden ist. An der im Verfassungsrang verbrieften

Überzeugung, daß nicht nur die hoheitlichen Akte der Verwaltung ans Gesetz gebunden und durch Verwaltungsgerichte überprüfbar sein müssen, sondern auch formell gültige Gesetzesbeschlüsse parlamentarischer Körperschaften von den Verfassungsgerichten auf Antrag für nichtig erklärt werden können, wird sich nichts ändern. Ändern wird sich die Praxis: das vom Souverän, dem Ursprung aller staatlichen Gewalt, eigenhändig Beschlossene wird nur *in extremis* von den Unterlegenen, den anders Gesinnten justizförmig angegriffen werden. Und die angerufenen Gerichte ihrerseits werden viel eher zögern, eine Entscheidung des Volkssouveräns zu zertrümmern als die eines anderen Verfassungsorgans, das ihm selber gewissermaßen gleichgeordnet ist und sich ebenso auf ebendenselben Volkssouverän gründet. Die parlamentarische Entscheidung ist gültig, die plebiszitäre ist endgültig. Und mit der Hereinnahme des plebiszitären Elements in die verfassungsmäßige Politik wird auch die fatale Übung beendet, parlamentarisch fällige, aber heikle und peinliche Entscheidungen so zu treffen, daß sie in Wahrheit von einem Verfassungsgericht entschieden werden müssen.

Das gleiche wird für die Gefährdung gewohnter Stabilität dank veränderter Engagementsbereitschaft der Deutschen gelten. Sie wird die Stabilität des Parteienstaats treffen, nicht die des Staates, sobald seine Institutionen den Wandel begriffen und akzeptiert haben. Die veränderte Engagementsbereitschaft, aktueller, punktueller orientiert und in ihrer Beweglichkeit einen entschieden unruhigen Anblick gewährend, geht auf die gleiche Motivation zurück, die nach den neuen Formen politischer Partizipation verlangt. Es macht sich ein Freiheitsdrang geltend, eine Unzufriedenheit, Bürger und Untertan eines demokratischen Obrigkeitsstaates zu sein, eine tiefeingegrabene Verdrossenheit gegenüber dem Habitus verfassungsmäßig Herrschender, den Bürger als mündigen anzureden und ihn zugleich als unmündigen in Anspruch zu nehmen. Der Unwille, sich dauerhaft und organisatorisch verfestigt in Pflicht und in Abhängigkeit nehmen zu lassen, wendet sich gegen alle als solche erkennbaren Versuche der Manipulation. Zwar wird es auch bei den neuen informelleren, auf konkrete Ziele gerichteten und zeitlich begrenzteren Engagements an Manipulation nicht fehlen, doch wird sie als solche nicht kränkend aufgefaßt, weil es sich um Manipulation unter Gleichen, nicht von einer förmlichen Obrigkeit ausgehend handelt und sie sich nie weit vom Engagementszweck entfernen kann, weil das Engagement sonst gleich entzogen wird: es legitimiert sich ja nur durch den Zweck und wird nicht zusätzlich gestützt durch eine Tradition, eine Ideologie oder ein materielles Interesse.

Es spricht wenig dafür, daß das Bonner Parteiensystem durch ein Berliner Parteiensystem abgelöst werden könne. Große Neugruppierungen, wie sie sich nach dem Zusammenbruch der Vierten Republik Frankreichs im nicht-sozialistischen Lager der Fünften gebildet hatten, oder große regionale Ressentimentparteien oder mediengestützte pseudo-charismatische Bewegungen wie in Italien werden kaum entstehen. Es hat keine vergleichbare Parteienstaatskrise in Deutschland gegeben, und so bleiben uns die Etiketten der alten Schläuche erhalten, in die gemach neue Inhalte eingefüllt werden. SPD und CDU werden weiterhin so heißen, aber weder ideologisches Gepäck mit sich führen noch für eine soziodemographisch gut abgrenzbare Wählerschaft stehen. Das Schicksal des politischen Liberalismus bleibt ungewiß, solange er nicht in der herrschenden Zwiemoral von wirtschaftlicher Rationalität und Pflege des Wohlfahrtsstaats gegen alle andern die Sache der ökonomischen Vernunft vertritt. Um die Zukunft der Grünen braucht ihren Wählern nicht bange zu sein, weil sie sich als die einzige Moralpartei neben den übrigen Funktionsparteien darstellen. Sie sind die Partei des planetarischen Ernstfalls, den sie abwenden wollen (von der Atomkraft bis zum Ozonloch), und der es mitsamt ihrer Klientel verstattet ist, die Ernstfälle des Tages zu übersehen, von der Arbeitslosigkeit bis zur äußeren Sicherheit.

Unter Spontaneität und Beweglichkeit der Wählerschaft werden alle leiden; auch sind Spontangründungen von Einzelzweckparteien mit hohen Halbwertszeiten immer möglich. Die Veränderungen, die die Parteien treffen, treffen sie allesamt. Da die großen Themen der Politik sich nicht mehr an ihnen orientieren und sie weder beständige Kompetenz noch einen eigenen Programm- und Problemhaushalt halten können, werden förmliche und dauernde oder punktuelle Koalitionen unter allen Teilnehmern an der parlamentarischen Macht möglich.

Für den Berliner Bundestag hat der Parteienwandel leicht erkennbare Konsequenzen. Erstens werden seine Entscheidungen unberechenbarer, weil das Abstimmungsverhalten volatiler wird und der Fraktionszwang häufiger nicht mehr durchzusetzen ist. Das mag wiederum dazu führen, daß das Parlament diskussionsfreudiger wird und zu dem, was das Grundgesetz ursprünglich wollte: einem repräsentativen Ort der öffentlichen Meinung, an dem Bedürfnisse und Empfindungen der Bürger ohne Verzögerung ausgesprochen werden. Jedoch wird es nicht mehr so viele Vorlagen verabschieden können wie in der Bonner Zeit. Das Publikum wird es nicht zu bedauern haben, wenn der Bundestag nicht mehr das Bundesgesetzblatt um mehrere tausend Seiten pro Legislaturperiode bereichert. Zweitens wird es für den Erfolg einer politischen Partei wichtig werden, daß sie parlamentarisch geführt wird. Es wird weiterhin Parteitagsbeschlüsse, Parteiprogramme und Voten von Parteivorständen geben; der Erfolg der Partei aber hängt nicht davon ab, wie getreulich sie solchen Dokumenten folgt, die den Wählern meist gänzlich gleichgültig sind, sondern wie sie sich in der parlamentarischen Praxis artikuliert und durchsetzt. Das hängt wiederum damit zusammen, daß die Parteien sich der schlichten Wahrheit öffnen müssen, daß ihr

Schicksal weit weniger von ihren Mitgliedern als von Anhängern und möglichen Wählern bestimmt wird. Der Bundestag wird mithin einiges vom amerikanischen Parlamentarismus übernehmen: das unschärfere Parteienprofil, die Beliebigkeit parlamentarischer Koalitions- und Klüngelbildung, die Entscheidungsverlagerung von vertraulichen Arbeitsausschüssen in die öffentliche Debatte oder Anhörung, die schwächere Disziplinierung durch Parteiobere und eine beginnende durch die Wähler.

Zur Regierungsbildung wird es weiterhin förmlicher Koalitionen bedürfen, doch werden diese die parlamentarische Meinungsbildung und Entschließung weniger deutlich bestimmen – die parlamentarischen Bündnisse werden weniger institutionell orientiert und gesteuert sein als problemorientiert. Die Rechts-Links-Schemata, die an Aussagekraft schon in den vergangenen Dezennien kräftig verloren hatten, werden hauptsächlich in der parlamentarischen Sitzordnung überleben. Das gleiche gilt für die unter Politikern noch beliebten Etiketten »progressiv« oder »konservativ«, die als Kennzeichnung eines Inhalts längst nicht mehr taugen und beide beim Publikum so viel an Wert verloren haben, daß sie weder werbend noch abschreckend verwendet werden können. Die bisher übliche Beurteilung der Koalitionschancen war noch von solchen Schematisierungen beeinflußt; es wird sich herausstellen, daß weder die soziodemographische Zusammensetzung einer Wählerschaft noch irgendwelche Gesinnungen problemübergreifenden Charakters formelle oder informelle Koalitionsbildungen präformieren. Die Frage beispielsweise, ob irgendwann und irgendwo ein rot-grünes oder ein schwarz-grünes Zusammenwirken möglich sei, wird keine generelle Antwort finden, sondern eine situative. In den Fällen, in denen die größere Partei Rücksicht zu nehmen hat auf die Klientel aus einer alten Subventionsindustrie, wird sie im Bündnis mit den Grünen, ihr eigenes Interesse bedenkend, nicht gut fahren. Bei den Grünen ist es die Frage dauerhafter Gewöhnung an die Macht, das entsprechend variable Koalitionsverhalten zu entwickeln.

In der Berliner Republik gibt es endlich die Chance, die Fehlentwicklungen des föderativen Systems zu korrigieren. Der Föderalismus der alten Bundesrepublik hatte zu ihrer Stabilität nicht wenig beigetragen; er war ein Gewaltenteilungssystem in zweifacher Hinsicht. Einmal sorgte er dafür, daß dank der Gliederung in Länder eine Partei nie vollständig von der Macht und der Erfahrung der Verwaltung, also den politischen Primärerlebnissen, ausgeschlossen blieb. Zum zweiten konnte durch die immer stärker gewordene Mitwirkung der Länder in der Bundespolitik mit Hilfe des zweiten Gesetzgebungsorgans, des Bundesrates, auch jene Partei bei wichtigen Fragen der Bundespolitik mitreden, die bei den Bundestagswahlen nicht zum Zuge gekommen war. Neben den Einflußmöglichkeiten im Bundesratsplenum selber und im Vermittlungsausschuß zwischen Bundestag und Bundesrat wurde in diesem Zusammenhang auch das Rederecht der Bundesratsmitglieder im Bundestag wesentlich, vornehmlich dann, wenn die begabteren Redner und Darsteller der Opposition nicht in die Bundestagsfraktion ihrer Partei gegangen waren, sondern sich als Ministerpräsidenten in Reserve hielten. Dieses System der Gewaltenteilung, das sich in keinem anderen föderativ verfaßten Staat der Erde findet, hat dazu beigetragen, daß der politische Antagonismus zwischen Parteien nie jenen Grad von Intensität erreicht hat wie etwa in den angelsächsischen Ländern. Es verhalf auch dazu, daß es zu extremen Änderungen der Regierungspolitik bei Regierungswechsel nie gekommen ist, sondern daß sich Regierungspraxis unabhängig von der Regierungszusammensetzung innerhalb einer nicht übermäßig großen sozial-kapitalistischen Schwankungsbreite bewegt hat.

Der Föderalismus ist der älteste Bestandteil des deutschen Staatsrechts. Nur eine sehr kurze Zeit, während der Nazidiktatur, ist Deutschland faktisch ein Einheitsstaat gewesen, wenn auch nicht auf dem Papier. Die Barbaren waren ahistorisch, kannten wenige Traditionen und achteten keine und wollten ein Land erfinden, das es nie gegeben hatte, von der Hakenkreuzfahne bis zur Verfassungsformel »Ein Volk, ein Reich, ein Führer« (was nicht verhindert hat, das abscheuliche Ausnahmekapitel der deutschen Geschichte nach dem Krieg einer erfundenen Kontinuität einzuverleiben).

Schon das alte Heilige Römische Reich Deutscher Nation war eine eher lockere Ansammlung von Territorien gewesen, die ihre Eigenständigkeit pflegten und für die gemeinsame Beratung und Entscheidung weniger Reichsangelegenheiten einen Gesandtenkongreß, den Reichstag, unterhielten. Das Modell des Gesandtenkongresses hat alle Wechselfälle der Geschichte überlebt: der Bundestag des Deutschen Bundes war nichts anderes, der machtvolle Bundesrat des Bismarck-Reiches ebenso wie der machtlose Reichsrat der Weimarer Verfassung. Auch unser Bundesrat ist ein Gesandtenkongreß.

Der amerikanische Senat besteht aus gewählten Abgeordneten, zwei je Mitgliedsstaat der USA; ebenso setzt sich der Ständerat der Schweiz zusammen. Die Mitglieder des Bundesrates hingegen werden nicht vom Volk gewählt, sondern von den Regierungen der 16 Bundesländer entsandt und dürfen nur einheitlich nach Weisung der entsendenden Regierung stimmen. Diese direkte Machtteilhabe der Länder an der Bundesgewalt hat dazu geführt, daß der deutsche Föderalismus insgesamt anders aussieht als der schweizerische oder amerikanische. Er bringt nicht nur die doppelte Gewaltenteilung – Eigenzuständigkeit der Länder und Mitzuständigkeit für den Bund –, sondern auch eine freilich politisch kompensierte Aufhebung seiner selbst.

Da die Länder an der Bundesgesetzgebung (und der Verwaltung) beteiligt sind und die Länderregierungen einen großen Teil ihrer politischen Energie

Bundesangelegenheiten zuwenden, ist ihr Interesse an der Pflege ihrer Partikularitäten schwächer geworden und haben sie dem von Wirtschaft, Medien und hochmobilem Teil der Bevölkerung ausgehenden Druck auf möglichst weitgehende Vereinheitlichung willig nachgegeben. Die Rechtsprechung ist dieser Tendenz gefolgt und hat ein Recht auf Einheitlichkeit der Lebensbedingungen stipuliert. Selbst für jene politischen Geschäftsbereiche, für die Bundeseinheitlichkeit ausdrücklich nicht vorgesehen ist (z. B. in der obrigkeitsstaatlich falsch benannten Kulturhoheit), haben sich im deutschen Föderalismus Gremien gebildet, die Vereinheitlichung vorantreiben; so die Konferenz der Kultusminister. Von der Uniform der Polizeibeamten bis zur finanziellen Ausstattung der staatlichen Apparate dank Länderfinanzausgleich ist die Gleichartigkeit der Lebensbedingungen in den Bundesländern – vom Unterschied der westdeutschen und ostdeutschen Länder abgesehen – so weit vorangeschritten, daß der deutsche Bürger nur noch in wenigen Fällen überhaupt ausmachen kann, ob er sich im eigenen oder in einem anderen Bundesland befindet. Entsprechend fortgeschritten sind die Aushöhlung der Landespolitik und die Schwierigkeit, Landtagswahlkämpfe noch mit Landesmaterialien zu alimentieren und zu bestreiten.

Es ist richtig und nicht unwahrscheinlich, daß diese Tendenz zur Angleichung bis zur Ununterscheidbarkeit nicht fortgesetzt, sondern zurückgenommen wird. Der größer gewordene Geltungsbereich des

Grundgesetzes mit fünf neuen Landesregierungen, die in der Mitbeteiligung an der Bundespolitik noch nicht eine entscheidende *raison d'être* und Legitimation ihrer Existenz erblicken können, sowie das Hinzutreten alter historischer Territorien – die *neu* ja nur im Hinblick auf das Grundgesetz und die Rückgabe staatlicher Handlungsfähigkeit nach den vorangegangenen Einheitsregimen sind –, werden dazu beitragen. Das Grundgesetz selbst spricht von der »Herstellung gleichwertiger Lebensverhältnisse im Bundesgebiet« (Artikel 72,2 GG), doch bleibt es dem auch die Rechtsprechung bestimmenden politischen Willen überlassen festzustellen, was darunter zu verstehen sei. Bei freier Mobilität in Deutschland und Europa wird das angenehme Leben in relativ menschenarmen, landschaftlich reizvollen Gegenden als gleichwertig mit dem in überfüllten Ballungsräumen bei höheren Einkünften und besserer Infrastruktur angesehen werden dürfen. Jedenfalls ist eine Strukturpolitik, die auf möglichste Applanierung der territorialen Individualität hinausläuft, keine konstitutionelle Vorschrift.

Ein sich solchermaßen wieder ernst nehmender Föderalismus könnte vor allem zur Entlastung der Bundespolitik von Streitpunkten führen, die andauernde Friktionen auslösen, ohne aufgelöst werden zu können und damit zur Quelle permanenten Verdrusses werden. Unter den Gegenständen der »konkurrierenden Gesetzgebung« (Artikel 74 GG), die sowohl von den Ländern geregelt werden können als auch vom Bund, soweit es gesamtstaatliches Interesse zwingend erforderlich macht, befinden sich nicht wenige Fälle, die besser von den Ländern eigenständig abgehandelt würden. Das gilt für so lästige Regulative wie z. B. die der Ladenschlußzeiten, die derzeit bundeseinheitlich sind, ohne daß dies als Notwendigkeit einsichtig wäre. Es könnte der Bund in solchem Fall auf bundeseinheitliche Regelung verzichten oder ein Land verfassungsgerichtlich darauf antragen – der Streit um eine in Europa selten gewordene Knebelung des Verbrauchers wäre von der Bundesebene entfernt. Dann mögen freiheitlich gestimmte Bundesländer ihre Auffassung von der Lebensqualität des Bürgers durch eine Liberalisierung der Einkaufszeiten wie beinahe überall auf der Welt zur Tat bringen und jene Bundesländer, in denen, wie im Norden Deutschlands, die jetzigen Geschäftszeiten ohne Mißmutsäußerung der Bevölkerung nicht einmal ausgeschöpft werden, es bei der obrigkeitsstaatlichen Regelung belassen.

Derartige Enteinheitlichungen sind selbst im Strafrecht möglich und bedenkenswert. Über Definition und Gefährlichkeit von Pornographie, die Höhe eines erlaubten Alkoholspiegels im Straßenverkehr, im Demonstrationsrecht – bei der Beurteilung einer unübersehbaren Vielzahl von Tatbeständen bestehen tiefgegründete regionale, bis in Stammesgewohnheiten reichende Unterschiede, deren Respektierung dem inneren Frieden dienlich wäre. Es hat nicht zu einem Chaos geführt, daß jahrelang im Westen des

Vaterlandes die Autofahrer ein weniges an Alkohol trinken durften, im Osten aber gar nichts; und es würde kein Chaos ausbrechen, wenn der Schwangerschaftsabbruch in den Ländern unterschiedlich (oder nicht) strafbar wäre: dem Erfordernis jeweiliger öffentlicher Moral wäre leichter Genüge getan, während die Praxis gleichartig bliebe, an welcher aber auch eine bundeseinheitliche Regelung nichts ändert, die erfahrungsgemäß auf breite Zustimmung nicht hoffen kann, wie sie auch aussehen möge. Die größere Föderalisierung widerstreitet der durch zwei Diktaturen eingefärbten Gemütslage vieler Deutscher, widerstreitet auch der alten massendemokratischen Vorliebe für Gleichheit unter Hintanstellung der Freiheit, aber sie empfiehlt sich als Instrument gegen Instabilitäten, ausgelöst durch endlose Kontroversen über bundeseinheitlich nicht befriedigend regelbare Sachverhalte.

Wenn die dem Grundgesetz innewohnenden, bisher nicht genutzten und nicht benötigten Möglichkeiten als Krisensicherungsanlage erkannt und ergriffen werden, wird eine bedrohliche Gefährdung von politischer Stabilität als Fortsetzung innerer Krisen nicht zu besorgen sein.

XIII.
Deutschland in
der neuen Weltordnung

Für Krisen aus der internationalen Politik steht den Deutschen gleichfalls ein Instrumentarium zur Verfügung; doch fehlt es durchaus an der intellektuellen und materiellen Vorbereitung zu seiner Nutzung. Neben Japan war Deutschland das einzige große Land, das nach dem Zweiten Weltkrieg fünfzig Jahre in ununterbrochenem Frieden gelebt hat. In diesem halben Jahrhundert waren die Siegermächte in eine Vielzahl von Konflikten verwickelt, wofür Korea, Algerien, Indochina, Afghanistan als Hauptbelege genügen mögen. Zudem bewirkten die Aufteilung der Welt nach der Konferenz von Jalta und der kalte Krieg einen gegenteiligen Effekt auf die Mächte: für die Führungsmächte der beiden Lager folgte daraus die permanente Anspannung zur einigermaßen friedlichen Garantie der beiden »Großräume mit Interventionsverbot für raumfremde Mächte« (Carl Schmitt) – für Deutschland und Japan hingegen ergab sich daraus die Entlastung von aller substantiellen Außenpolitik; es genügte, loyaler Trabant zu sein.

Das halbe Jahrhundert der für die Westdeutschen glücklichsten Epoche deutscher Geschichte hat eine Mentalität wachsen lassen, die kaum noch wahrhaben mag, daß es existentielle Bedrohungen gibt, daß

Krieg und Pestilenz zum Leben gehören und selbst dieses Deutschland treffen könnten, das sich von den Fährnissen der Geschichte abgeschieden wähnte. Ein exzessives, hienieden nicht zu befriedigendes Bedürfnis nach Sicherheit trat auf, nach sozialer Sicherheit bei Arbeitnehmern, nach Planungssicherheit bei Unternehmern, nach Stabilität bei allen. In dieser Situation brauchte auswärtige Politik nicht mehr zu sein als Bewahrung der Chancen einer Wiedervereinigung, Unterstützung der Wirtschaftsinteressen des Landes und Mitwirkung innerhalb der westlichen Bündnisse. Das alles ist auf hochanständige Weise geleistet worden. Die Eingliederung der Bundesrepublik in die Gemeinschaft der Nationen, nicht zuletzt dank Adenauers Wiedergutmachungspolitik gegenüber den Juden und in dem Londoner Schuldenabkommen, der effektive Beitrag zur europäischen Einigung und zur *special relationship* mit Frankreich sind die Glanzpunkte einer sonst stillen und unauffälligen Diplomatie. Die Sicherheitsinteressen der Bundesrepublik waren wegintegriert – dergestalt, daß die Bundeswehr als die nationale Armee der Deutschen kaum je zur Anschauung kam.

Das alles haben der Zusammenbruch des Kommunismus und die Wiedervereinigung von Grund auf geändert. Doch ist nicht zu sagen, daß die Veränderung – nach der in Deutschland pflichtgemäß gedämpften Freude über den Sieg – zu mehr als Orientierungslosigkeit geführt hätte, was Inhalt und Zukunft der Beteiligung Deutschlands an der internationalen Politik anlangt. Es wäre gewiß ungerecht, nur von deutschen Orientierungsschwierigkeiten zu sprechen. Auch die anderen Mächte haben keine kohärente Außenpolitik, deren Konzept sie vorweisen könnten. Das gilt für die europäischen Partnerländer, für die Vereinigten Staaten unter Bush wie Clinton; am wenigsten für Rußland, das seine auswärtige Politik an der Schadensbegrenzung und dem Wiedergewinn politisch-militärischer Positionen im früheren Sowjetimperium ausrichtet.

Die Orientierungslosigkeit bei den Teilnehmern der internationalen Politik findet leicht in dem Zustand ihre Erklärung, den Präsident Bush die »neue Weltordnung« genannt hat. Die Bezeichnung taugt nur als ironische, denn es ist weder eine Ordnung, noch ist sie neu – oder doch nur für Leute mit schwachem Gedächtnis.

Henry Kissinger hat bemerkt, daß Präsident Bush seine Andeutung einer neuen Weltordnung auf die klassisch-wilsonsche Weise formuliert und mit ihr auch die Hoffnungen verbunden habe, die US-Präsident Woodrow Wilson mit dem Ende des Ersten Weltkrieges verband – unaufhaltsamer Vormarsch der Demokratie und Selbstbestimmungsrecht für alle Nationen. Tatsächlich ist die heutige Weltordnung nichts anderes als die Fortsetzung des Staatensystems, wie es nach dem Ende des ersten Krieges und den Verträgen von Versailles und St. Germain eingerichtet worden war. Die oft gehörte Behauptung ist falsch und irreführend, die heutige labile Weltlage bedeute eine Rückkehr in Zustände des 19. Jahrhunderts: die Staatenwelt des 19. Jahrhunderts nämlich war nach der Friedensregelung des Wiener Kongresses 1815 hundert Jahre lang relativ stabil und sehr übersichtlich gewesen. Es gab nur sechs große Mächte, die unter sich internationale Politik auszumachen hatten, und es waren allesamt europäische oder halbeuropäische: Großbritannien, Frankreich, Rußland, Österreich-Ungarn, Deutschland in unterschiedlicher Verkleidung und das Osmanische Reich. Unter diesen Staaten ist es zu blutigen Kriegen gekommen, der Krimkrieg und der preußisch-französische sind vor allem zu nennen, doch konnten die Mächte sich untereinander balancieren, die restliche Welt parzellieren und regieren. Erst um die Jahrhundertwende traten als außereuropäische Mächte die USA und Japan in die Weltpolitik ein.

Das Ende dieses Staatensystems durch den Ersten Weltkrieg war es, das die Vielzahl neuer Nationalstaaten hervorbrachte und die Krisenherde offenlegte, die uns noch heute beschäftigen. Die baltischen Staaten hatte es im 19. Jahrhundert sowenig gegeben wie einen polnischen; ebenso waren die Ukraine und Weißrußland Teil des zaristischen Reichs wie der ganze Kaukasus und die mohammedanischen Territorien im Süden. Die Tschechoslowakei gehörte wie Ungarn zum Habsburgerreich, der Balkan war mit wechselnden Grenzziehungen Österreich-Ungarn oder der Türkei zugeordnet, und erst allmählich waren autonome Staaten entstanden wie Rumänien,

Bulgarien, früher schon Griechenland und Serbien. Ein Krisenherd war der Balkan während des ganzen 19. Jahrhunderts, doch gelang es den Großmächten bis zum balkanisch veranlaßten Ausbruch des Ersten Weltkrieges, sie halbwegs zu kontrollieren. Den Krisenherd Nahost gibt es als einen gefährlich virulenten seit der Zerstörung des Osmanischen Reiches – vordem hatten Sultan und Großwesir über all die Länder geherrscht, die das letzte halbe Jahrhundert mit Kampfeslärm erfüllten: Irak, Libanon, Syrien, Palästina, Transjordanien, den Völkern wenig Freiheit, aber Frieden gebend.

Diese von wenigen Großmächten geordnete, nur in ihrem Innern von Ausbrüchen der Sehnsucht nach Freiheit und Selbstbestimmung bedrohte Welt war 1917/1920 zusammengebrochen. Es dauerte nicht lange, bis sich bei dem einen noch kraftvoll gebliebenen Verlierer des Krieges Rußland-Sowjetunion der Wunsch nach Revisionismus kundtat; bei dem anderen, von der Völkergemeinschaft zum Paria herabgestuften Verlierer, dem Deutschen Reich, verging mehr als ein Jahrzehnt, bis die Versuche des finanziellen und moralischen Revisionismus gegen Versailles in einen aggressiv politischen und militärischen umschlugen. Die beiden gleichfalls geschlagenen Großmächte Türkei und Österreich, schon vorher am ärgsten vom Zerfall bedroht, brachten eine Kraft zum Revisionismus nicht mehr auf. Die kleine Welt der nach dem Ersten Weltkrieg neuentstandenen Staaten suchte sich an den Idealen der westlichen Welt heranzubilden, die allein siegreich gewesen war, richtete sich auf Demokratie, Parlamentarismus, Rechtsstaat und Menschenwürde ein, immer mit der kräftigen Prise Nationalismus verbunden, die vordem nicht hatte geschnupft werden dürfen. An diese westlichen Ideale schlossen sich die beiden revisionistischen Großmächte nicht an. In Rußland-Sowjetunion glaubte man im Kommunismus einen überlegenen politischen Glauben gefunden zu haben, der zugleich effektives Regieren dank der Diktatur einer Partei möglich machte. In Deutschland blieb der Versuch, westlich demokratisches Denken zur Grundlage von Staat und Politik zu machen, ohne dauerhaften, die Massen zufrieden- oder ruhigstellenden Erfolg. Hier war es die Diktatur Hitlers, die den Kampf gegen das verhaßte System von Versailles aufnahm, wohl wissend, daß der Erste Weltkrieg nur mit einem Zweiten würde zu korrigieren sein. Während die beiden Revisionsmächte zum großen Zugriff auf die Kleinstaatenwelt nach Versailles ansetzten, offenbarte sich in diesen allmählich die Tendenz, von den westlichen Idealen abzurücken, denen sie sich verdankten – eine machtvolle faschistische Tendenz ergriff die Gemüter, von Kroatien über Ungarn, Rumänien, Polen bis zum Baltikum.

Anfang der vierziger Jahre hatten die Verlierer des Ersten Weltkrieges das Werk der Sieger zerstört: Polen war wiederum geteilt zwischen Rußland und Deutschland, zu dem nun auch Österreich gehörte; Tschechien war als »Reichsprotektorat« unterworfen; die Slowakei zum einflußlosen Satelliten ernannt, während die baltischen Staaten mit Unterstützung des Reiches ins russische Imperium zurückfielen. Die Wiederherstellung des *status quo ante* war den beiden Diktatoren gelungen, die Vergangenheit des Ersten Weltkrieges nach Beginn des Zweiten schon bewältigt.

Bei dem noch rational einsehbaren Kriegsziel einer Revision der Weltordnung nach den Kriegsbeendigungsverträgen des Ersten Weltkrieges konnte es nicht bleiben. Nicht nur weil die Siegermächte des ersten Krieges, Großbritannien und dann die USA, es nicht akzeptiert hätten, sondern weil Hitler und Stalin nach ihren raschen Erfolgen nicht mehr daran dachten, sich mit bloßer Revision zu bescheiden, sondern einen expansionistischen Kurs verfolgten. Hitler wollte sein Reich gewaltig gegen Osten ausdehnen, Stalin, vom Verbündeten zum Gegner gemacht, ergriff seinerseits die Chance, die russische Herrschaft, als die einer menschheitsbeglückenden Ideologie verkleidet, energisch nach Westen weit über alle frühere Einflußsphäre hinaus voranzutreiben. Dieses Kriegsziel hatte Stalin im Prinzip in Jalta erreicht, ganz Mitteleuropa fiel ihm zu; die westlichen Siegermächte gaben sich, leise zähneknirschend, mit dem Ergebnis zufrieden, daß die alten Wilsonschen Versprechungen, Polen und der Tschechoslowakei Selbstbestimmung, Freiheit und Demokratie zu bringen, zuschanden wurden – Hauptsache, Hitler war besiegt. Ein allzu lebhaftes Schuldempfinden wegen der kommunistischen Diktaturen überantworteten Menschen und Ländereien mochte sie nicht quälen, weil sie selber (mit Ausnahme der USA) als Sieger und Verlierer zugleich aus dem Krieg herausgekommen waren und im Gegensatz zum Ersten ihre Kolonialreiche nicht erweitern und stabilisieren konnten, sondern allgemach preisgeben mußten.

Nach dem Zusammenbruch der zweiten großen Diktatur des Jahrhunderts Ende der achtziger Jahre war die Revision der europäischen Ordnung nach dem ersten Krieg endgültig gescheitert. Unter dem kühlen zeitübergreifenden Blick der Weltgeschichte sind die an Grauen und Verbrechen reichen Herrschaften Hitlers und des Kommunismus als Episoden zu sehen, als vergebliche Rebellionen gegen eine historische Tendenz, die nicht aufzuhalten war. Die Welt ist zu einem Szenario zurückgekehrt, dessen Entwurf schon 1920 zu besichtigen war – mit einem reicheren Repertoire, die permanente globale Anwesenheit der USA einschließend und die Heraufkunft asiatischer Mächte, die sich fürs erste politisch nicht artikulieren mögen. Ein gleichfalls neues Potential von Weltpolitik stellt die höchst unterschiedliche, nicht organisierte und nicht organisierbare islamische Staatengesellschaft, die allmählich aus der Wartestellung heraustritt. Schwarzafrika hingegen (mit Ausnahme Südafrikas), während des kalten Krieges von einigem strategischen und wegen der Konkurrenz der Blöcke auch politischem Interesse, wird nur noch Trauer wecken oder höfliche humanitäre Aufmerksamkeit finden, sobald die Medien dies erheischen, doch sonst zur *terra incognita* werden, zu einem Hinterhof, den niemand betritt.

Das Szenario von 1920 bleibt für die europäischen Mächte deshalb bestimmend, weil eine substantielle Globalisierung zwar im Reich des Handels und der Finanzen, des Verkehrs und der Kommunikation stattgefunden hat, aber keineswegs eine substantielle der Politik. Keiner der europäischen Staaten hat eine Asienpolitik oder empfindet die Notwendigkeit einer solchen; selbst die USA reden nur seit Jahren von politischer Hinwendung zum Pazifischen Becken, ohne in diese Richtung je kohärente Politik entwickelt zu haben. Auch in den umgekehrten Richtungen sind keine Initiativen wahrnehmbar, die über die Wahrung wirtschaftlicher Interessen hinausgingen.

In dieser Situation kann die außenpolitische Orientierung Deutschlands auch als Berliner Republik nur die westeuropäische sein. Zum ersten Male in seiner Geschichte hat Deutschland klar definierte, allseits respektierte Grenzen und auch keine Besitzungen, die irgendwo Konflikte auslösen könnten. Ein Reibungspotential mit Nachbarländern besteht auch nicht im Hinblick auf Minderheiten im Ausland, die noch der Weimarer Republik Ungemach bereitet hatten und im Dritten Reich, wenn von der Führung gewünscht, als Basis expansionistischer Strebungen dienten. Soweit gewünscht: Hitler hat durch seinen Umgang mit deutschen Minderheiten im Ausland unterstreichen können, daß seine Herrschaft nicht nationalistisch, sondern imperialistisch inspiriert war. Die deutsche Oberschicht im Baltikum ließ er umsiedeln, als das dem Reichsinteresse im Verhältnis zur Sowjetunion dienlich schien, die deutschen Südtiroler gab er kaltblütig dem Verbündeten Italien preis, während die Sudetendeutschen ihm zur Zerstörung der Tschechoslowakei willkommen waren. Die deutschen Minderheiten in Belgien und in Dänemark haben einen vortrefflich geschützten Status und nicht die mindeste Schwierigkeit, sich als loyale Teile ihrer Staatlichkeit zu fühlen. Insgesamt ist das Problem der deutschen Minderheiten durch das Rückkehrrecht aus Artikel 116 GG abschließend geregelt: wer nicht als Aussiedler, wie es merkwürdigerweise heißt, da es sich doch um *Ein*siedler handelt, nach Deutschland zurückkehrt, hat für sein Gastland optiert und sollte außer kultureller Unterstützung nicht Gegenstand amtlicher deutscher Obsorge sein. Dagegen macht sich verstärkt seit der Wiedervereinigung und einem gegenüber Osteuropa leicht geblähten Selbstbewußtsein eine politische Sentimentalität geltend, die bislang keine Schäden angerichtet hat. Doch ist nicht überflüssig zu bemerken, daß die deutsche Politik keinerlei Grund hat, auf Projekte wie das einer deutschen Wolgarepublik Einfluß zu nehmen oder in anderen Fällen – zum Schutz der nicht rückkehrwilligen ethnischen Deutschen – in die Innenpolitik osteuropäischer Staaten zu intervenieren. Nicht mit der Volkstumspolitik üblen Andenkens ist die Belastung des Verhältnisses zur Tschechischen Republik zu sehen, die sich aus sudetendeutschen Ansprüchen ergibt, die ebenso regelmäßig mit tschechischen beantwortet werden. Die Sudetendeutschen waren nach dem Krieg grausam aus der jahrhundertealten böhmischen Heimat vertrieben worden, hatten überwiegend in Bayern Zuflucht gefunden und sich innerhalb der bayerischen Landespolitik als eine Wählerschaft konstituiert, die zu vernachlässigen sich der Landesregierung in München nie empfohlen hat. Eine Vertretung ihrer politisch-ökonomischen Interessen gegenüber der Tschechischen Republik nicht zu übernehmen, wäre für die Bundesrepublik schon deshalb angezeigt, weil das von Sudetendeutschen ehemals bewohnte Territorium nie zu dem Deutschen Reich gehört hat, dessen Rechtsnachfolgerin die Bundesrepublik ist.

Wenngleich die Rolle Europas in der internationalen Politik insgesamt im Vergleich zum 19. Jahrhundert und noch zu der Kolonialwelt zwischen den beiden Weltkriegen drastisch vermindert ist, so bleibt sie dennoch – als die des politisch, ökonomisch, militärisch zweitwichtigsten Teilnehmers – bedeutend. Die Rolle eines politisch einigen und handlungsfähigen Europas könnte den alten Kontinent sogar zu einer Führungsmacht mit gleichberechtigter Mitentscheidung in Weltfragen werden lassen, doch wird die erforderliche politische Einigung in den nächsten zwei Jahrzehnten so wenig zu erreichen sein wie die Bereitschaft der in Westeuropa zusammengeschlossenen Europäer, eigenständige Verantwortung für die Ordnung jener Weltgegenden zu übernehmen, die ihnen historisch wie geographisch und als Gefahrenquelle zugeordnet sind: des Balkans, des Nahen Ostens, des Mittelmeersüdrands. Auch der richtige Umgang mit den islamischen Mächten könnte ihre Sache sein, die sie ja seit Jahrhunderten mit jenen Überzeugungen und Völkern im Streit und im Frieden gelebt haben. Sie vermöchten es leichter als die Vereinigten Staaten, das islamisch-arabische Konglomerat vom jetzigen überwiegend parasitären Verhalten (die westlichen Fortschritte übernehmend, doch deren intellektuelle Voraussetzung verwerfend) in ein konstruktives Beieinander zu verwandeln, wie es in glücklichen Phasen der europäischen Geschichte durch mancherlei Beziehung bestanden hat.

Platz und Rolle des wiedervereinigten Deutschlands sind innerhalb der bereits institutionell gesicherten europäischen Kombination. Es kann diese Rolle um so leichter spielen, als es eine der wenigen europäischen Mächte ist, die keine nationalen Interessen im herkömmlichen Sinne mehr verlautbaren und haben. Im genauen und engen Sinne ist die nationale Geschichte Deutschlands mit der Wiedervereinigung zu Ende gekommen, ihre folgende wird deutsche Geschichte in, mit und für Europa sein. Die Voraussetzungen, den Platz einzunehmen und die Rolle zu spielen, sind entschieden besser als in den zwanziger Jahren, da Deutschland kaum ein Stehplatz im europäischen Konzert gegönnt worden war – vor allem darum besser, weil die Bundesrepublik das Phantasma, Land der Mitte zu sein, aufgegeben hat; weder dem Osten noch dem Westen anzugehören, eine hervorragende Sonderstellung zu haben wie Kaiser und Reich im Mittelalter. Die Bundesrepublik hat vielmehr mit der nicht bloß opportunistischen, sondern prinzipiellen Option für den Westen zu Adenauers Zeit einen Bruch mit bisheriger deutscher Geschichte vollzogen, der sie in die europäische Normalität einführte. Mitteleuropa ist kein politischer Begriff mehr, nur noch ein geographischer; und Deutschland ist umgeben von Nachbarländern, von denen auch die an seiner östlichen Grenze dem Westen zugehören wollen. Das östliche Europa beginnt erst an den Grenzen Rußlands und jener Länder, die nach dem Zusammenbruch des Sowjetimperiums sich aus durchaus respektablen Gründen unter russische Vormundschaft begeben. Mit der politischen Faszination »Mitteleuropa« kann auch die Vokabel »Zwischeneuropa« verschwinden. Das westliche Europa ist einfach zu beschreiben als die lateinische Christenheit, die auch lateinisch schreibt; das östliche Europa definiert sich augenfällig durch die Orthodoxie und das kyrillische Alphabet. – Für Griechenland und Bulgarien galten und gelten problematische Sonderbetrachtungen, die das Einteilungsschema nicht beschädigen.

Innerhalb der Europäischen Union wird die Berliner Republik auf eine Doppelstrategie verwiesen. Einerseits muß sie, um der psychologischen Funktionsfähigkeit dieses hochempfindlichen Organismus willen, die effektiv bestehende Dominanz, aus der sie bislang eine politische Führungsrolle nicht hat werden lassen, möglichst unsichtbar halten und zweitens mit Frankreich zusammen eine dem europäischen Interesse dienliche Führungsrolle übernehmen. Britannien kann erst zu einer internen Tripelallianz stoßen, wenn sich das Land von seiner ruhmreichen Vergangenheit in eine bloß chancenreiche Gegenwart begeben will. Die Europäische Union hatte schon vor einer allfälligen Erweiterung nach Osten wachsende Schwierigkeiten, einen gemeinsamen politischen Willen zu generieren, und bedurfte eines in den Statuten nicht vorgesehenen Direktoriums. Dieses Direktorium, im Regelfall aus der Übereinstimmung Deutschlands und Frankreichs erwachsen, muß freilich ganz unsichtbar bleiben, wird aber erst dann allmählich entbehrlich, wenn die Union dank der Wirksamkeit ihrer integrativen Organe, Kommission und Parlament, einen politischen Willen bilden kann, der permanente Kompromißbemühungen der nationalen Regierungen ablöst – und das liegt in weiter Ferne.

Wie weit diese Ferne liegt, hat nichts so augenfällig gemacht wie das Versagen der Union in den Jugoslawienkonflikten. Westeuropa hat sich so verhalten, als ob es den Titel V. im Vertrag von Maastricht nicht gegeben hätte: von gemeinsamer Außenpolitik von irgendeiner Wirkung konnte nicht die Rede sein, von gemeinsamer Sicherheitspolitik handelte nicht einmal ein Gedanke. Die Bundesrepublik war die erste europäische Macht, die sezessionistischen Bestrebungen der Slowenen und Kroaten gegenüber dem Jugoslawien genannten Groß-Serbien diplomatisch zu unterstützen; das politisch-militärische Handeln sollte aber den europäischen Partnern überlassen bleiben. Diese übernahmen zögernd (unter dem dafür gänzlich ungeeigneten Blauhelm der UN) den Part, für eine möglichst friedliche Auflösung Jugoslawiens zu sorgen – zögernd, weil sie die Serben zweimal als Verbündete in Kriegen mit Deutschland im Gedächtnis behalten hatten und scheiterten, wie sie scheitern mußten. Die einfache Erfahrung, daß, wer eine Wirtshausprügelei schlichten will, selbst Prügel bezieht, war unter dem Einfluß der mächtig agitierenden elektronischen Medien so rasch vergessen wie die Erinnerung daran, daß traditionell ausgebildete Armeen nichts davon verstehen, Frieden einfach dadurch zu stiften, daß sie nicht Partei nehmen und nicht siegen dürfen, sondern zwei erbittert streitwilligen Parteien klarmachen müssen, daß diese ihre Ziele nicht erreichen dürfen.

Dank dem Versagen der Europäischen Union im ersten großen Bewährungsfall gemeinsamer Außen- und Sicherheitspolitik ist es um sie nach Ratifikation des Maastrichter Vertrages schlechter bestellt als vordem. Ihre Chancen werden auch nicht dadurch verbessert, daß der im Vertrag projektierte Mechanismus zur Herstellung der Währungseinheit vor allem in Großbritannien die lautstarke Besorgnis hat aufkommen lassen, das Land solle seiner – seit der Landung Wilhelms des Eroberers im Jahre 1066 – unanfechtbaren Sonderrolle beraubt und einem europäischen Bundesstaat einverleibt werden. Daß die Sonderrolle effektiv nicht mehr besteht, daß Großbritannien das Vertragswerk ratifiziert hat, daß der Erfolg des Finanzplatzes London vom Einschluß in die Währungseinheit nicht unwesentlich abhängt, verfängt nicht gegen den tiefsitzenden Widerwillen eines großen Teils der Bevölkerung und des Großteils der xenophobisch aufgeregten Medien, Großbritannien könne ein Land werden wie viele andere europäische Länder. Es ist richtig, daß mit der Einführung einer gemeinsamen Währung ein wesentliches Element der nationalen Souveränität weggebrochen wird: wird obendrein auch noch die Außen- und Sicherheitspolitik innerhalb der Europäischen Union effektiv europäisiert, so bleibt von der *Sovereignty of Parliament,* dem eigentlichen Inhalt der britischen Verfassung, nichts mehr übrig.

Die Angst vor der Umwandlung der Europäischen Union (dieser Begriff hat in deutscher politischer Tradition und deutschem Verfassungsrecht keinen klar bestimmten Inhalt) in einen Bundesstaat ist auch auf dem Kontinent zu finden. Eine gemeinsame Währung ist für gemeinsames Wirtschaften so praktisch wie dem europäischen Wachstum dienlich, aber stellt auch traditionell eines der wichtigsten Kennzeichen eines Bundesstaates dar, in dem immer eine Tendenz zu raschem oder allmählichem Vordringen einer Zentralgewalt angelegt ist wie eine zur Vereinheitlichung regionaler Unterschiede. Während ihr künftiges Schicksal den Europäern gemeinsam ist und gemeinsam sein soll, soll doch nicht alles übrige gemeinsam sein – die europäischen Nationen bleiben Hüterinnen ihnen wertvoller und höchst unterschiedlicher Traditionen, sie halten an den verschiedenen Sprachen fest, denen die Welt des Geistes soviel verdankt –, und selbst die Regionen, in die sie sich unterteilen, wollen ihr Herz und Gemüt behalten. Heimat soll Heimat bleiben, Europa will nicht den Europäern werden, was Amerika den Amerikanern geworden ist. Diese Besonderheit im europäischen Zusammenschluß hat das Vertragswerk von Maastricht gleich eingangs mit dem Postulat der Subsidiarität anerkennen wollen und ausdrücklich festgestellt: »In den Bereichen, die nicht in ihre ausschließliche Zuständigkeit fallen, wird die Gemeinschaft nach dem Subsidiaritätsprinzip nur tätig, sofern und soweit die Ziele der in Betracht gezogenen Maßnahmen auf Ebene der Mitgliedstaaten nicht ausreichend erreicht werden können und daher wegen ihres Umfangs oder ihrer Wirkungen besser auf Gemeinschaftsebene erreicht werden können.« Das Wort Subsidiarität ist nicht glücklich gewählt – es stammt aus der Soziallehre der katholischen Kirche, die in ihrer Praxis von dem Prinzip selber so wenig hält, daß ihr Zentralismus auch mit entgegenstehenden Traditionen und Rechtsregeln nach Belieben verfahren kann. Als Prinzip ist Subsidiarität aber für die Statik des europäischen Baus wichtig, doch müßte zu seiner Proklamation noch seine Durchsetzbarkeit treten. Deutschland könnte der europäischen Einigung kräftig beistehen, wenn es die Ängste vor europäischem Zentralismus abbauen hilft: warum sollen nicht europäische Regionen, Kommunen oder Branchen gegen vereinheitlichende Regelungen klagen dürfen, weil es ihrer nicht bedarf? Der Polemik gegen das zu zentralistisch gewordene Europa, das auf Englisch gegen unseren Gebrauch *Federal Europe* heißt, könnte durch eine kleine Einfügung in den Maastrichter Vertrag aller Elan genommen werden – nämlich die Befugnis der Mitglieder zum Austritt, wenn die Völker es denn wünschen. Sollte ein Staat davon Gebrauch machen, wäre es für die Union unschädlich bis nützlich, doch wird es mit Sicherheit keiner tun und wird, weil er den letzten Schritt nicht wagen kann, sich nicht mit leerer Drohung blamieren wollen. – Europa hat ein doppeltes Motto: Einigkeit macht stark und: *discordia concors.*

Die Bundesrepublik Deutschland, die mit ihrem Vorpreschen bei der völkerrechtlichen Anerkennung sezessionswilliger Staaten des alten Jugoslawiens der gemeinsamen Außenpolitik einen Bärendienst erwiesen hatte, wird die Rolle eines Motors der späteren Herstellung dieser Gemeinsamkeit übernehmen müssen; ebenso das Befördern der Währungseinheit. Zu beidem wird das wiedervereinigte Deutschland mehr Mut und Energie benötigen als vordem. Gegen eine Währungsunion wehrt sich im eigenen Land die begründete und verwurzelte Anhänglichkeit an die

Deutsche Mark, die als erfolgreichste Währung der deutschen Geschichte und als Grundlage ihres internationalen Einflusses zum höchsten nationalen Symbol geworden war. Es wäre nicht phantasielos zu erwarten, daß das Beibehalten der D-Mark zu einem Thema der Bundestagswahl 1998 gemacht werden könnte, wenn nicht vorab eine Verständigung aller wichtigen Teilnehmer am Wahlkampf dieses Thema aus den großen Kontroversen herausnimmt und dem Kleingarten politischer Sonderlinge überläßt.

Die politische Führung in der Berliner Republik wird die Wahrheit, daß für sie eine politische Alternative zur Entwicklung der Europäischen Union nur in Niedergängen besteht, dem Publikum viel deutlicher machen können. Man hat die Deutschen im Glauben gelassen, daß, weil sie netto zuviel für die Union zahlen, sie auch netto insgesamt zuwenig profitierten. Die europäische Bürokratie muß seit vielen Jahren den Ersatzschuldigen für die eigene spielen. Dafür gilt dem Europäischen Parlament und seinen Befugnissen ein auffälliger deutscher Tätigkeitsdrang, dem freilich die Erkenntnis fremd blieb, daß ein Parlament richtige statt artifizieller Parteien braucht, dazu die Grundlage einer gemeinsamen öffentlichen Meinung sowie Deputierte, die mehrheitlich die europäische Zukunft und nicht die eigene Gegenwart versorgen wollen. Wieviel die deutsche Republik Europa und damit ihrem eigenen frühen Europaenthusiasmus bereits verdankt, hätte sich am Beispiel der Dollarkrise 1994/95 gut illustrieren lassen: ohne den Markt und die monetäre Kooperation der EU wären der Sturz des Dollars und der anschließende Abwertungswettbewerb europäischer Währungen für Wirtschaft und Wohlstand Deutschlands höchst gefährlich geworden.

So bleibt es die erste außenpolitische Aufgabe der Berliner Republik, den europäischen Block noch solider zu machen. Das Wort Block hat in der politischen Sprache keinen erfreulichen Klang – so wie die Erkenntnis in deutschen Köpfen keinen Platz, daß die Gründung einer Union nur die Teilnehmer einschließt, die Nichtteilnehmer aber ausschließt; das will in die Betrachtungen der Unpolitischen nicht passen. Die deutsche Politik wird sich von der naiven Gutwilligkeit trennen müssen, bilaterale Abmachungen mit Nichtmitgliedern zu befürworten, durch welche Mitgliedsprivilegien ausgedehnt werden. Sie wird sich desgleichen an die unsympathische Vorstellung gewöhnen, daß wirtschaftliche Außenpolitik der EU zunehmend in der Zusammenarbeit mit anderen Blöcken besteht. Die Entwicklung der Erdenwelt zu einem großen Freihandelsraum ist nämlich gerade in dem Augenblick zum Abschluß gekommen, da der Freihandel als Weltdogma durch die Gründung der Welthandelsorganisation WTO förmlich verbrieft worden ist. Die Aufgliederung der Welt in Blöcke, die nicht nur solche von Handel und Wirtschaft sind, wird im Zuge der Globalisierung vieler Probleme unvermeidlich. Die unterschiedlichen Lebensbedingungen der Produktionsstandorte werden einen Protektionismus erzwingen, der durch Vereinbarung der Blöcke untereinander – EU mit der nordamerikanischen NAFTA, EU und Japan, EU und Rußland samt Trabanten – gut kaschiert werden kann. Mit dessen Hilfe läßt sich leichter ein Protektionismus der auf der Erde meistbegünstigten Staaten gegen unerwünschte und unkontrollierte Wanderungsbewegungen entwickeln.

Diese Tendenz des Zeitalters widerspricht den freihändlerischen Überzeugungen, die die deutsche Politik zu beflügeln pflegen, doch nicht ihrer Praxis. Ungeachtet der ökonomischen Weisheit, daß Freihandel dem Fortschritt und Wohlstand der Völker dienlich ist, hat sich mehr oder minder verborgen auch immer die politische Weisheit gehalten, daß für den Freihandel eintritt, wer daran verdienen kann – daß er aber von dem abgelehnt wird, der den freien Wettbewerb fürchten muß. Die politische Wahrheit gilt auch für die freihändlerisch gesinnten Nationen, die dann von *fair trade* statt *free trade* sprechen, wenn sie ökonomischen Vorteil statt vom freien Spiel der Kräfte vom Einsatz der eigenen politischen Kraft erhoffen. Die USA geben im Verkehr mit Japan die augenfälligsten Exempel, aber auch die Bundesrepublik hat sich, europäisch gut eingekleidet, partiell von Handelsfreiheit und internationaler Arbeitsteilung bereitwillig verabschiedet, um aus politischen und sozialen Motiven Industrien zu schützen, die im internationalen Wettbewerb nicht würden überleben können. Das galt für Stahl und gilt für Kohle und

Landwirtschaft. Die Berliner Republik wird diesen Protektionismus sowenig halten können, wie es Europa vermag, worin er eingebettet ist. Legitim, rational und fruchtbar ist Protektionismus als Chance der Entwicklung von Zukunftstechnologie und zur Wahrung der existentiellen Grundversorgung der Völker, also: Ernährung, Energie, Sicherheit. Die Erzeugung von deutscher Steinkohle aber wird dadurch sowenig gedeckt wie die Selbstversorgung mit Rübenzucker; kein deutsches Lebensinteresse verlangt dergleichen, und Lebensinteressen anderer werden nachhaltig beschädigt. Bei dem humanitären Eifer, der die deutsche Öffentlichkeit mitsamt der Vielzahl wohltätiger Organisationen beflügelt, bleibt es unbegreiflich, daß das Lebensinteresse der Dritten Welt, ihre Produkte nach Deutschland und Europa zu verkaufen, so selten Aufmerksamkeit und Fürsprache gefunden hat. Wären die Subventionen für Kohle und die überzähligen, falsch eingesetzten für Landwirtschaft nie gezahlt worden, so wäre eine kostenneutrale und wirksame Entwicklungspolitik möglich gewesen, während das Debakel der kostspieligen Entwicklungshilfe, die tatsächlich betrieben wurde, offensichtlich ist. Daß die tatkräftig und intelligent operierenden Entwicklungsländer, also die asiatischen, sich erfolgreich auf den hochindustriellen Weltmarkt begaben, ist auch darauf zurückzuführen, daß ihnen der Absatz ihrer primitiveren Erzeugungen verwehrt wurde, die Deutschland als eigene behalten wollte. Die Herstellung einer gemeinschaftlichen

Außen- und Sicherheitspolitik ist nach den jugoslawischen Bürgerkriegen schwieriger, aber auch dringlicher geworden. Wenigstens in zwei Hinsichten ist ihre partielle Wirksamkeit doch noch in kürzerer Frist zu gewinnen: die eine gilt der EU-Erweiterung durch die beitrittsfähigen und beitrittswilligen Länder, was zu ihrer wirtschaftlichen Stabilisierung so dienlich wie zur Stabilisierung gegenüber unaufhörlichen Interventionswünschen Rußlands nötig ist – auch als Voraussetzung für die allfällige Ausdehnung von NATO-Mitgliedschaften.

In zweiter Hinsicht ist ein einigermaßen geschlossenes Auftreten der EU im Verkehr mit den USA notwendig. In der amerikanischen Außenpolitik macht sich ein Verdruß an den komplizierten europäischen Verhältnissen dadurch geltend, daß internationale Konflikte gern im Direktverkehr mit Rußland abgehandelt werden. Bewußt-unbewußt greift Washington so den einzigen positiven Aspekt auf, in dem eine bilaterale Verständigung der westlichen mit der östlichen Blockführung für die jeweiligen Verbündeten der Lager verbindlich war. Der noch vorsichtig sich manifestierende amerikanische Hang zum Bilateralismus hat Schädliches noch nicht hervorbringen können, eröffnet aber der russischen Politik Interventions- oder Mitredechancen, lädt sie geradezu ein und schwächt auch dadurch die Chance für die Entwicklung der Identität einer europäischen Außenpolitik. Der gleiche Einwand gilt übrigens den sich nur aus Bequemlichkeit erklärenden Neigungen, für außenpolitische Aktionen das Patronat der UN zu suchen: diese kann regelmäßig nämlich nicht das Geringste aus Eigenem beitragen und erlaubt nur Dritt- und Viertmächten ein Mitbestimmen in Konflikten, die ohne ihr Mitbestimmen gescheiter lösbar sein würden.

Zu den Leistungen der Berliner Republik für die Sicherheitspolitik wird die neue Definition dessen gehören, was unter Sicherheit für Deutschland (und Europa) zu verstehen sei. Die alte Bundeswehr ist als ziemlich unselbständiges Element der Verteidigung der freien Welt aufgestellt worden; ihr Auftrag hat sich am althergebrachten Begriff der Landesverteidigung orientiert. Seit dem Untergang der Diktatur des Kommunismus ist auch vom Gegenpart »freie Welt« kaum mehr zu reden, weil sich zu ihr auch schon die ehemals kommunistisch beherrschten Länder zählen wollen. Und die US-Präsidenten, die sich im Glanz des Titels *leader of the free world* baden konnten, tun es nicht mehr. Beim Nachdenken über Sicherheit nach dem Ende des kalten Krieges bleibt die nicht völlig verschwundene, aber für absehbare Zeit überaus unwahrscheinliche Bedrohung durch das Militärpotential der ehemaligen Roten Armee im Hinterkopf. Im Vordergrund stehen die Bedrohungen der Sicherheit in Europa, die Deutschland gelten können, auch wenn die Landesverteidigung nicht zur Verteidigung des Landes, auf dem die Deutschen leben, dient. Die Vielzahl der möglichen und unvorhersehbaren Konflikte in der Nachbarschaft Deutschlands und der EU, die vorhersehbare Art der Kampfesweise, die oft rattenhafte Wut von Kontrahenten, die nach Ausrottung eines Feindes strebt, macht die Umwandlung unserer Armee erforderlich. Sie wird zwar traditionelle Fertigkeiten behalten, sich aber bald an Einsätze polizeilicher Natur gewöhnen müssen, die Kunst der Guerilla lernen, geschwind zuschlagen, noch geschwinder verschwinden müssen. Obendrein soll sie Bevölkerungen nicht ausplündern, sondern versorgen. Die Bundeswehr der Berliner Republik wird deswegen im Kern eine Berufsarmee sein müssen, was nicht den gänzlichen Verzicht auf Wehrpflicht bedeuten muß; eine Miliz für Landesverteidigung im engeren Sinn wird immer vonnöten sein.

Die Sicherheitspolitik der Berliner Republik, die immer nur eine im Verein mit Verbündeten sein kann – seien es die der NATO oder der Europäischen Union oder doch im Rahmen eines UN-Mandats –, wird sich, ebenfalls im Verein mit Verbündeten, von anderen Motivationen leiten lassen, als sie in einigen Fällen maßgeblich gewesen sind. Der Somalia-Einsatz war als Plan sinnlos und als Aktion erfolglos; wie beim allmählichen Hineingezogenwerden in die militärischen Konflikte auf dem Balkan war nicht wohlbedachtes politisches Interesse leitender Gedanke des Handelns, sondern eine von Medien bewirkte Aufgeregtheit. Sie ließ am Ende bei der politischen Führung die Seelenstimmung aufkommen, nun dürfe man nicht mehr zuschauen, es müsse etwas geschehen, es müsse gehandelt werden. Im Fernsehzeitalter müssen die leitenden Staatsmänner der Demokratien, die nicht mehr von einem Primat der Außenpolitik ausgehen können, dennoch lernen, sich nicht von den emotionalen Wallungen wegschwemmen zu lassen, welche die elektronischen Medien generieren. Diese Medien (und in ihrem Gefolge die Populärpresse) können nicht anders, als auf Kriege, Kriminalität, Hungersnöte und Katastrophen mit jenem Abscheu zu reagieren, die bewegte Bilder von gequälten Menschen bei nicht gequälten Menschen hervorrufen. Beim Anblick des Gräßlichen ist die Empfindung, daß dem Unheil gesteuert, daß es beseitigt werden müsse, jedem fühlenden Herzen natürlich. Die medienerzeugte Bereitschaft zum Engagement mag von einer weisen Führung genutzt werden, wenn es dem eigenen, zuweilen auch wenn es dem Menschheitsinteresse dienlich ist und ein Erfolg bei verhältnismäßigem Einsatz erreichbar scheint. Die medienerzeugte Bereitschaft zum Engagement wird von einer weisen Führung aber intern kalmiert werden müssen, wenn die rational bestimmbaren Voraussetzungen für eine militärische Intervention nicht vorliegen. Dazu gehören moralischer Mut und politische Artikulationsfähigkeit, die bisher oft genug gefehlt haben. Schon wurde davon gesprochen, daß der weltweit operierende amerikanische Nachrichtensender CNN Prioritäten amerikanischer Außen- und Militärpolitik bestimmen könne. Es gehört zur politischen Einübung in die Medienwelt, die aus ihr kommende, sich demokratisch gebende Fremdbestimmung des politischen Prozesses von ihm fernzuhalten.

Die klassische Außenpolitik hatte die Aufgabe, Macht und Ehre des Staates zu mehren, seine ökonomischen und kulturellen Interessen zu befördern, Frieden zu stiften, wo Streit nichts Gutes verhieß, Verbündete zu finden, wenn Streit unvermeidlich oder nützlich schien. Von dem Entwurf klassischer Außenpolitik bleibt nicht so sehr viel, wenn sich die erwartete europäische Außenpolitik allmählich realisiert. Die Arbeitslast der Auswärtigen Ämter wird sich dadurch nicht verringern, weil sich eine vielfältige Internationalisierung von Vorgängen und Ereignissen in unserer hochkommunikativen und hochmobilen Gegenwart vollzieht – und weil Interdependenzen auch dort auftreten, wo keine Dependenzen bestehen. Desgleichen wird die Inflation von Konsultationen noch zunehmen, ebenso die Delegation von jeweils eigenen Problemen an andere. Während die Diplomaten also überall um ihren Beruf nicht bangen müssen, müssen es ihre Chefs. Traditionell war der Außenminister der zweite Mann im Kabinett. Überall ist nun abzusehen, daß ihm dieser Status entgleitet, daß die wenigen großen genuin politischen Themen von den Präsidenten, Premierministern oder Kanzlern selbst in die Hand genommen werden. In der Berliner Republik wird sich fürs erste noch jeder freuen, dem die Ehre zufällt, ihr Außenminister zu sein. Allmählich jedoch wird der Amtsinhaber merken, daß sein Status dem des Kanzleramtsministers immer ähnlicher wird.

XIV.
Gewißheiten, deutsche und andere

In den zwanziger Jahren machte in Frankreich ein Buch von Jean Viénot Aufsehen, »Les Incertitudes Allemandes«, das übersichtlich alle Besorgnisse über die Entwicklungen Deutschlands zusammenfaßte. Ein vergleichbares Buch, wenn auf intelligenter Einschätzung beruhend und nicht bloß auf Verdächtigung, hätte nach dem Zweiten Weltkrieg nicht geschrieben werden können. An die Stelle möglicher Ungewißheiten waren schon in den frühen fünfziger Jahren Gewißheiten getreten, die sich bis zur Wiedervereinigung gekräftigt und bestätigt hatten.

Die Gewißheit hat ihren Hauptgrund in der von der politischen Führung betriebenen und von der Bevölkerung ratifizierten Westintegration der Bundesrepublik als fragloser Verwerfung des vordem beliebten dritten Weges, eines deutschen Sonderweges zwischen Ost und West, zwischen Kommunismus und Kapitalismus, zwischen allen Stühlen, die die Weltgeschichte nur aufstellen konnte. Der Nationalsozialismus war auch ein Ausdruck dieser Sehnsucht nach Sonderrolle und drittem Weg, wenngleich ein unerwarteter für seine ideologischen Befürworter; er hatte seine Herrschaft passend mit dem opernhaft-eschatologischen Titel eines Dritten Reiches geschmückt und sich durchaus nicht als Teil einer allgemein faschistischen Bewegung in Europa verstanden, die ja nicht aufs Germanische, sondern aufs Römische zurückgriff und für die Blut und Rasse weniger bedeuteten. Mit der Niederlage Hitlers und der Seinen, die noch totaler war als ihr Regime, war der Traum von der dritten Position Deutschlands ausgeträumt. Die totale Niederlage hatte für die seelische Rückkehr der Deutschen in den Westen den Vorteil, daß eine Dolchstoßlegende sowenig aufkommen konnte wie ein Streit um die »Kriegsschuldlüge«, die das politische Leben der Weimarer Republik vergiftet hatte: daß Deutschland 1945 militärisch von seinen Feinden geschlagen war, konnte kein Deutscher bestreiten, daß Hitler den Weltkrieg gewollt und provoziert hatte, ebensowenig. Ganz anders als in der Weimarer Republik bestand zwischen den Deutschen nach 1945 und ihren ehemaligen Feinden völlige Übereinstimmung im Urteil über die moralische Qualität des Vorgänger-Regimes. Es ist auch nützlich gewesen, daß es nach dem zweiten Krieg nicht zu förmlichen Friedensverträgen mit Deutschland gekommen war (auf die braven Ignoranten, die dergleichen forderten, ist nie eine Bundesregierung eingegangen), weil es immer politisch klüger ist, einen Friedensvertrag durch friedliche Zusammenarbeit überflüssig zu machen, und weil jeder Friedensvertrag in einem unmoralischen, aber ungestüm moralisierenden Zeitalter Feststellungen und Festlegungen enthält, die Kontroversen unter den ehemaligen Feinden begünstigen und Entschädigungsansprüche festlegen, die weder die Belasteten noch die Begünstigten oder die nichtbegünstigten Dritten zufriedenstellen.

Daß die Heimkehr der Bundesrepublik in die Völkergemeinschaft, wie sie sich beschönigend nennt, von den Alliierten gefördert statt wie in den zwanziger Jahren bekämpft wurde, bleibt als Folge des Kalten Krieges immer erwähnenswert.

Diese Gewißheiten der alten Bundesrepublik gelten auch für die durch die Wiedervereinigung erneuerte. Hinzu kam das wesentliche Element der schon im Übergang von der Bonner zur Berliner Republik wirksamen Waffenbrüderschaft mit den Nationen des Westens, die es vordem nicht gegeben hatte. Die Bundeswehr wirkte mit bei dem von den USA betriebenen Einsatz in Somalia, stellte Hilfskontingente in der Türkei und den balkanischen Wirren, hatte auch vom Bundesverfassungsgericht, das der politischen Entwicklung klug zu folgen pflegt, die Erlaubnis erhalten, über ihren alten Verteidigungsauftrag hinaus tätig zu sein.

Die Gewißheit, daß keine antiwestliche Mentalität das politische Handeln der Deutschen auch in ihrem vereinigten Vaterland bestimmen wird, darf sich auf die Angleichung politischer Mentalität unter beinahe allen westlichen Nationen gründen. Diese Angleichung ist durch die Gemeinsamkeit der Probleme begünstigt worden und nicht wenig auch durch die Angleichung des Lebensstandards, der nach dem

Zweiten Weltkrieg unter Europäern stattgefunden hat und die Deutschen zum ersten Male seit dem Dreißigjährigen Krieg zu ebenso wohlhäbigen Leuten machte wie Franzosen oder Engländer. Schließlich hat es in der zweiten Hälfte des zwanzigsten Jahrhunderts eine den europäischen Völkern gemeinsame Veränderung von Nationalstolz und Nationalbewußtsein gegeben. So haben die Massenkommunikation im Fernsehzeitalter und der Massentourismus der Wohlstandsdemokratien zwar das Verständnis der Völker und die wechselseitige Kenntnis ihrer Zivilisation kaum wesentlich gekräftigt, aber doch in allen den schleichenden Verdacht stärker werden lassen, daß sie so sehr verschieden nicht seien, was nämlich Lebensformen und Lebensbedürfnisse anlangt, dergestalt, daß die Pflege traditioneller Antipathien als Ingredienz des sozialen Spiels zwar erhalten bleibt, aber politisch nicht mehr zu bewirtschaften ist. Der echte Nationalstolz, für den die tiefe Unkenntnis der anderen unentbehrlich ist, muß notwendig Schaden nehmen, wenn beim sommerlichen Aufeinandertreffen oder im überall einfältigen Fernsehkrimi die sozialen Unterschiede bedeutsamer als die nationalen erfahren werden. Die Reduktion der europäischen Rolle in der Weltpolitik hat ein übriges getan; keine Nation hat mehr eine ihr eigentümliche politische Mission, keine hat mehr die Macht, mit mehr als symbolischem Gestus sich eigenständig weltpolitisch bemerkbar zu machen. Jeder normale Europäer fühlt sich wohl, wenn er seine eigene Fahne erblickt, ihm hebt sich die Brust, wenn er die eigene Hymne hört, am letzten Tag der *proms* singen die Briten begeistert vom »Land of Hope and Glory«, und alle jubeln bei Fußballsiegen – aber das war's dann auch. Die Deutschen taten in den letzten Jahrzehnten so, als sei ihnen überhaupt alles Nationalgefühl fremd; aber das war gelogen.

Der politische Nationalismus jedenfalls ist zur Sache der Zurückgebliebenen geworden, der Spätaufholer unter den Völkern; er lebt weiter bei den wenigen, die noch einen imperialen Traum träumen. In Westeuropa ist er ausgeträumt.

Über alle institutionellen Einbindungen hinaus gibt es eine verläßliche Verankerung der Bundesrepublik in der industriellen Welt und deren gleichartiger Entwicklung, die auf der Gemeinsamkeit der Probleme wie auf deren politischen Unlösbarkeiten beruht. Ende der zwanziger Jahre hatte die sich im Börsenkrach der Wall Street zuerst manifestierende Krise die Volkswirtschaften ganz unterschiedlich betroffen – die USA stürzten in ihre erste große, die Massen umgreifende Depression; Frankreich blieb nicht unbehelligt, aber unbeschädigt, und England erlitt eine partielle Elendsphase ohne Erschütterung des politischen Systems oder die Notwendigkeit eines Wandels, wie ihn Roosevelt mit dem *New Deal* in Amerika einleitete. Im Deutschen Reich dagegen zerbrach eine hoffnungsvolle politische Stabilisierung, die größte Massenarbeitslosigkeit des industriellen Zeitalters bereitete den Boden für Hitlers

Revolution, die nun als eine legale aussichtsreich wurde. Heute erzwingt die Globalisierung der Finanzmärkte, die Abhängigkeit aller entwickelten Nationen vom unendlich vervielfachten Welthandel auch die Globalisierung von Wirtschaftskrisen, die mit zeitlichen Beschleunigungen oder Verzögerungen alle erreichen. Rezessionen wie konjunkturelle Aufschwünge werden als lokale selten; die Volkswirtschaften sind noch statistische Einheiten, aber keine National-Ökonomien mehr. Für Westeuropa insbesondere gilt, daß die Problemhaushalte der Nationen wesentlich identisch sind und die überwiegend unwirksamen Rezepturen auch: eine weitere Gewißheit für die Berliner Republik.

Priorität in den Problemhaushalten hat die Arbeitslosigkeit (von »Posterioritäten« redet die Politik nicht). Noch mag keine Regierung, keine Partei sich zu der Einsicht verstehen, daß es in den entwickelten Industriegesellschaften künftig keine Vollbeschäftigung mehr geben wird und daß Vollbeschäftigung als Ziel staatlicher Politik nicht mehr ernst genommen werden kann. Schon in den ersten Jahrzehnten dieses Jahrhunderts hat es echte Vollbeschäftigung nur unter kriegswirtschaftlichen Bedingungen gegeben, in Zeiten allgemeiner Mobilmachung, was sich am besten am Beispiel der USA und Deutschlands ablesen läßt. Mit solchen Totalmobilmachungen braucht die gegenwärtige Welt nicht mehr zu rechnen; sie wird sich infolgedessen daran gewöhnen müssen, daß zur Normalität des sozialen Daseins eine relativ hohe Zahl von Arbeitslosen gehört. Annähernde Vollbeschäftigung hat es überhaupt erst im industriellen Zeitalter gegeben, sie war in der Antike und im Mittelalter völlig unbekannt; damals war immer ein sehr hoher Teil der Bevölkerung nicht in feste Wirtschafts- oder Verwaltungstätigkeiten eingebunden. Die Vielzahl der Aristokraten arbeitete nicht, ihre großen Stäbe versahen Scheintätigkeiten, der Klerus war zahlenstark, die Arbeitszeit im Handwerk und in der Landwirtschaft oft gering, die Menge nomadisierender Bevölkerungsteile relativ hoch. Die künftigen Gesellschaften werden sich auf dieses Phänomen einrichten müssen, statt einem unerreichbaren Ideal der Erwerbstätigkeit für alle nachzujagen. Denn die modernen Technologien haben die notwendige Folge, daß menschliche Arbeitskraft künftig nicht einmal mehr in dem Umfang nachgefragt werden kann wie in heutiger Gesellschaft mit hoher Arbeitslosigkeit. Das erfordert Änderungen in der Sozialverfassung, im Bewußtsein der Öffentlichkeit und der Einzelnen, von denen wir heute noch keinen deutlichen Begriff haben. Der Begriff Arbeit wie der des Arbeitsethos wird anders definiert werden müssen, und der Beschäftigungslosigkeit müssen alle sozialen Stigmata genommen werden. Die künftige Gesellschaft wird menschenwürdiges Leben nicht mehr nur im Zusammenhang mit festen Arbeitsverhältnissen auffassen dürfen, sondern auch Lebenserfüllungen bereitstellen müssen, die in der Arbeitswelt nicht zu finden sind.

Anders nämlich bleibt das Problem der Arbeitslosigkeit unlösbar und wird zur permanenten Sozialkrise. Keiner der je nach politischem Temperament unterschiedlichen Lösungsversuche verspricht Erfolg. Staatliche Arbeitsbeschaffung ist in keinem Land in erforderlichem Umfang organisierbar. Sie kann auf den Tatbestand, daß bei Arbeitslosigkeit generell nicht Arbeit nachgefragt wird, sondern daß Arbeits*plätze* nachgefragt werden, ohnedies nur eine statistisch befriedigende Antwort geben, aber keine ökonomische: weil in der Marktwirtschaft die Arbeitsplätze, die sinnvoll wären, durch den Markt selbst geschaffen würden. Unternehmerverbände und marktwirtschaftlich verpflichtete Politiker halten zur Erlösung von Arbeitslosigkeit die Hoffnung auf konjunkturelle Aufschwünge, auf arbeitsplatzschaffende Innovationen und auf Liberalisierung und Flexibilisierung der Arbeitsbedingungen bereit. Es ist jedoch nicht zu sehen, wie solche Hoffnungen in Erfüllung gehen könnten. Die konjunkturellen Aufschwünge haben immer nur marginale Erholungen gebracht, weil jede voraufgehende Rezession von den Unternehmen zur Rationalisierung genutzt werden mußte, deren Wirkung über den Anlaß weit hinausreicht. Die technologischen Innovationen zeichnen sich bislang allesamt dadurch aus, daß sie spätestens in ihren Zweit- und Drittwirkungen vorher vom Menschen ausgeübte Tätigkeiten überflüssig machen. Ein arbeitsplatzschaffender Innovationsschub, vergleichbar etwa der Erfindung und Entwicklung der Eisenbahn, ist in keines Menschen Sicht und Kopf. Und die in Deutschland mehr als anderswo notwendige, ja überfällige Freistellung der Arbeitsmärkte von hinderlichen Regulativen wird eher eine Zunahme von Arbeitslosigkeit verhindern, als ihren drastischen Rückgang herbeiführen. Der neoliberale Glaube, daß ein völlig freier Arbeitsmarkt – eine politische Schimäre – auf jede Nachfrage eine Antwort finde, müßte schon – beispielsweise – durch die Erinnerung daran ins Wanken geraten, daß der von jeder Sozialgesetzgebung unbehelligte freie Arbeitsmarkt Großbritanniens vor dem Ersten Weltkrieg eine Arbeitslosigkeit von acht Prozent aufgewiesen hat.

Die statistisch unvermeidliche Arbeitslosigkeit, die auf bloßer Fluktuation beruht, wird auf etwa drei Prozent angesetzt; die tatsächliche Arbeitslosigkeit ist in Deutschland mindestens dreimal so hoch und liegt auswärts meist noch weit höher. Der Prozentsatz der Erwerbswilligen steigt aber (außer bei den Frauen in Ostdeutschland) immer noch an, weil unbedingt herrschender Auffassung zufolge sinnvolles Leben ohne Arbeitstätigkeit nicht stattfinden kann. Die Korrektur dieser Geistesverfassung und entsprechende Reform der Sozialverfassung werden künftig die guten Köpfe der industriellen Welt beschäftigen, nicht die Abschaffung traditionell begriffener Arbeitslosigkeit. In Deutschland möchte deren Minderung und Milderung (wenn auch nicht mehr) durch eine Hinwendung zu einer Dienstleistungsgesellschaft erreicht werden; schließlich ist Deutschland das Land ohne Schuhputzer und Gepäckträger, das Land eines allgemeinen Mangels an lebensfreundlichem Service, der über die Pflege von Maschinen hinausgeht. Doch steht solcher Hinwendung fürs erste eine unerschütterlich scheinende Heimwerkermentalität entgegen: der fleißige Deutsche zahlt nicht gern für Dienste, die er selber verrichten kann.

Im Zusammenhang mit Arbeitslosigkeit ist auf einen sehr ernsten, kaum bemerkten und in den Großstädten doch leicht bemerkbaren Tatbestand hinzuweisen. Die Franzosen verwenden für die von Langzeitarbeitslosigkeit Gestraften und Gedemütigten das Wort »les exclus«. Diese Ausgeschlossenen, umfassend auch die von der Gesellschaft Ausgestoßenen, sind diejenigen, die in die industrielle Welt in ihrer jetzigen Gestalt nicht mehr integriert werden können. Oft sind es Leute, die jeden Versuch aufgegeben haben, am Arbeitsmarkt noch nachzufragen, und sich in eine Existenzform zurückziehen, die mit Lebensbedingungen der untersten Schicht im Mittelalter eher vergleichbar ist als mit irgendeiner der Moderne auf der nördlichen Halbkugel. Es fehlt ihnen das Elend-Pittoreske der Clochards, denen sie zu ähneln scheinen. Ihre Zahl ist viel größer, wird leicht übersehen, obgleich sie leicht zu sehen sind. Noch um die Jahrhundertwende wären sie in ländlicher oder schlicht-bürgerlicher Umgebung unauffällig geblieben, hätten an einem beruflichen und gesellschaftlichen Leben der Normalität teilgenommen;

ihre seelische und intellektuelle Ausrüstung hätte aus-
gereicht. Vor den Anforderungen einer hochbüro-
kratisierten, technologisch immer komplizierter
werdenden Leistungsgesellschaft aber müssen sie ka-
pitulieren und ziehen sich als Nichtseßhafte (ohne
Nomaden zu sein) auf eine allerprivateste, so inter-
ventionsfreie wie ärmliche Existenz zurück. Über
ihre Zahl ist Genaues schwer zu ermitteln; sie ist in
Frankreich höher als in Deutschland, am höchsten in
den USA, wo ihnen ganze innerstädtische Bezirke
überlassen bleiben – dort auch als Refugium ethni-
scher Minderheiten, die schon gar nicht an den Auf-
schwüngen der intellektuellen Asiaten, noch an der
von der weißen Mehrheit definierten Normalität teil-
haben können. Die Industriegesellschaft wird darauf
kommen, daß sie im eigenen Interesse ihre eigene
Leistungsmoral durch Anerkennung einer alternati-
ven kompensieren, daß sie Lebensfelder bereitstellen
muß für die Menschen, die ihre eigenen *mores,* ihr
eigenes Ethos ausschließen.

Allen westlichen Gesellschaften gemeinsam ist die
wirklich und virtuell steigende Kriminalität. Als sta-
tistisches Phänomen ist sie schlecht zu greifen, weil
sich überall die Ämter darauf verstehen, sie mit wenigen Handgriffen besorgnisfrei zu gestalten. Es können Straftatbestände aus dem Gesetzbuch herausge-
nommen oder zu Ordnungswidrigkeiten herabge-
stuft werden – und schon sinkt die Kriminalität;
Berichte über Polizeierfolge werden auf günstige
Zeiträume bezogen; es werden Statistiken der Polizei

und der Justiz vermengt, und endlich erfolgt eine Beruhigung der anschwellenden Kriminalzahlen, weil eine resignierende Bevölkerung die kleinen Eigentumsdelikte gar nicht mehr meldet, wenn nicht die Versicherung einen Schein für den Schadenersatz verlangt. In der gesellschaftlichen wie in der seelischen Realität des einzelnen wird hingegen Kriminalität als wachsend bedrohlich empfunden und als bedrohlich am meisten, daß die Ordnungskräfte vor allem große Dosen Brom als Gegenmittel verabreichen. Die elektronischen Medien haben bei jener Generation, die zuerst Fernsehen lernte und dann erst Lesen und Schreiben, längst dafür gesorgt, daß Kriminalität und Gewalttätigkeit als Teil normalen Lebens gelten (und zwar weit mehr durch seine Informationssendungen als durch die als moderne Märchen erzählten, von den Notabeln gern gescholtenen Actionfilme). Sie haben es auch bei den Älteren zuwege gebracht, daß sie eine Idylle nicht mehr unverdächtig finden, sondern an unbekanntem Ort Gefahren überall lauern sehen. Die mit besten Absichten operierenden Kleinindustrien, die sich dem Schutz von Opfern widmen und dafür beträchtliche Gelder einsammeln, müssen das ihrige dazu tun, die gesellschaftliche Bosheit zu maximalisieren, und lieber ein paar Täter und Opfer zuviel aufspüren als zu wenige. Die virtuelle und die wirkliche Entwicklung belegen, daß der Respekt vor Eigentum und Leibesunversehrtheit anderer nachgelassen hat. Es wundert sich auch niemand darüber, weil der Staat als Definierer und Wahrer des Rechts selbst es ist, der etwa in seiner Steuerpolitik das wohlerworbene Eigentum seiner Bürger nicht mehr respektiert und der an dem Gewalt verhindernden Selbsthilfeverbot für die Bürger zwar rhetorisch und justizförmig festhält, aber seine Entsprechung, nämlich die Bewahrung des öffentlichen Rechtsfriedens, nicht mehr garantieren kann.

Die organisierte Kriminalität, für Deutschland vergleichsweise neuartig, ist längst eine paneuropäische Erscheinung geworden, wird jedoch im Gegensatz zu dem, was ihre Publizität vermuten läßt, von der Überzahl der Bürger nicht als ihnen unmittelbar bedrohlich wahrgenommen. Es erwartet auch niemand, daß die europäischen Polizeien oder ihre Zusammenschlüsse in ihrer Bekämpfung erfolgreicher sein könnten als das FBI in Amerika. Die europäischen Erfahrungen mit dem Terrorismus sind hingegen andere. In den vielen Fällen, da nicht-mehrheitsfähige ideologische Gravamina dem terroristischen Elan zugrunde lagen, ist dem Staat überall der Sieg gelungen; in den weniger zahlreichen Fällen, in denen ein Selbstbehauptungswille einer Bevölkerungsminderheit terroristisch wird, aber nicht. Großbritannien hat die IRA nicht besiegt, sondern eine Art Frieden geschlossen, und bei der Ermattungsstrategie der Spanier gegen die ETA ist noch kein Ende in Sicht. Anders die RAF, die Roten Brigaden in Italien, die Terrorgruppen in Frankreich: ihnen gegenüber ist die Staatsmacht siegreich geblieben. Nach dem Kollaps des sie logistisch unterstützenden und politisch ausnutzenden Sowjetimperiums ist ihre Wiederkehr um so weniger zu besorgen, als auch die Alimentation durch Regime des Nahen Ostens nun ganz unwahrscheinlich wird. Diese wesentlich europäische Terrorbewegung, oft intelligent geführt und in einem einflußreichen Ambiente von Sympathisanten operierend, war dem linken Spektrum zuzuordnen und empfand sich selbst als legitime revolutionäre Alternative zur bestehenden Ordnung. Das kann für die rechtsradikalen Gruppen nicht gelten, deren Getöse seit dem Ende der Linksradikalen die Öffentlichkeit beschäftigt. Darunter verdienen die Lautstärksten das wenigste Interesse, nur ein polizeiliches. Die Trupps von betrunkenen Kahlgeschorenen, die haßerfüllten Jungrotten in Frankreich oder England rekrutieren sich wie früher die lynchenden Mobs in den Südstaaten der USA aus Leuten, die wenig Lebenschancen haben und meinen, diese würden ihnen auch noch durch Zuzug oder Aufstieg noch unter ihnen Stehender zerstört. Sie mögen sich, in Deutschland so naheliegend wie erfolgversprechend, der Nazisymbole bedienen, um die Aufmerksamkeit zu erlangen, die sie als Zusatzmotivation brauchen oder auch nicht – sie als Neonazis zu bezeichnen, heißt ihnen der Unehre zuviel antun. Unter den Nazis wären sie sogleich von der Straße genommen worden und entweder in einer hochdisziplinierten Kriminaltruppe oder im Gefängnis gelandet. Von der Ideologie der Nazis wissen sie sowenig wie von Hitler (und ohne den Charismatiker kann es ja keine

Wiederbelebung des Nazismus geben); kein politisches Konzept ist bei ihnen zu vermuten, auch kein nationalistisches: der krawallige, zerstörerische, mörderische Fremdenhaß genügt. In Deutschland genügt das Schwenken einer Hakenkreuzfahne, und die Fernsehteams eilen herbei, der öffentliche Entrüstungsmechanismus wird abgespult, die Randalierer haben ihr Erfolgserlebnis und die Polizei ein wenig später auch. Die ostdeutschen Gröler mögen noch zusätzliche Befriedigung über jene allgemeine hinaus, die Gesellschaft tief zu erschrecken, daraus beziehen, daß im politischen Milieu der DDR das kommunistische Deutschland als nazifrei zu gelten hatte und alle Spur von Faschismus dem Klassenfeind im Westen angeheftet war. – Alle Terrorismen, vom politischen über die Bandenkriminalität bis zu einzelnen Amokläufern, können am ehesten in langen Friedenszeiten in befriedeten Landschaften mit nicht mehr abfließender Aggressivität der Jungen gedeihen; ennui als soziales Problem wird nicht gemildert, sondern verschärft durch die repetitive Aggression der Fernsehprogramme, die Spannung beabsichtigen und Langeweile liefern.

Ungleich gefährlicher ist der sich nicht oder nicht primär kriminell manifestierende, sondern politisch artikulierende Rechtsradikalismus in Europa. Er mobilisiert den antiliberalen Affekt, der in einer Massengesellschaft immer vorhanden ist, einer Gesellschaft, der die privaten Freiheiten wichtiger werden als die politischen und der soziale Sicherheit als Lebensgrundlage unentbehrlich geworden ist. Diese Sicherheit wird als bedroht empfunden durch die Einwanderung wirtschaftlich nicht benötigter Menschen, die zudem ganz fremden Kulturkreisen angehören; sie wird bedroht durch Rezession, die sich für den einzelnen noch fortsetzt, wenn die Wirtschaft längst wieder aufatmet; durch einen Mangel an politischer und gesellschaftlicher Führung, die weder Ziel noch Sinn öffentlichen Handelns angeben kann. *Rechts* wird der Radikalismus, weil alles Linke diskreditiert ist, weil auch alle Antipathie gegen Intellektuelle und die Medien nach rechts weist, weil die ignorante Nostalgie an einst bessere Zustände nationale Farben trägt. In Frankreich kann mehr als ein Viertel der Wählerschaft Le Pen folgen, in Italien erhebt sich der Postfaschismus mit Macht, in Österreich wird ein Austroliberalismus bedeutend, der dem Austrofaschismus ähnlicher ist als allem Freiheitlichen. In England (oder auch in Amerika) kann dergleichen nicht sichtbar werden, weil dort das Wahlsystem nicht auf Gerechtigkeit für die Parteien, sondern auf die rigorose Bildung von Mehrheiten in Wahlkreisen und Parlamenten abstellt.

In Deutschland hat der politische Rechtsradikalismus seit 1945 keine Fortune gehabt. Der Bonner Republik gelang es in konzertierter Aktion von Regierung, Parteien, öffentlicher Meinung und allen gesellschaftlichen Großorganisationen, mit jeglichen Anläufen fertig zu werden, einen entschiedenen Nationalismus wieder zu begründen. Nur in einem einzigen Fall, dem der Sozialistischen Reichspartei, ist dazu das Parteienverbot des Bundesverfassungsgerichts benutzt worden; auch dessen hätte es nicht bedurft. Die später antretenden Republikaner hatten es, begünstigt von der beginnenden Erosion der Altparteien, noch am weitesten gebracht, waren in die Räte vieler Kommunen und in nicht wenige Landtage eingezogen, doch auch sie brachen vor dem gesammelten Widerstand der zivilen Gesellschaft Deutschlands zusammen. In der Phase der Wiedervereinigung hatte sich auch offenbart, daß diese nationale Kleinbewegung zum drängendsten nationalen Thema nicht das Geringste beizutragen hatte; ihr Programm, soweit vorhanden, war im Inhalt ausschließlich negativ, und keine Partei kann reüssieren, die nichts zu verheißen vermag. Es ist nicht unbegreiflich, daß schwächeren nationalistischen Vorgängen in Deutschland eine viel größere internationale Aufmerksamkeit zufällt als bedenklicheren bei den Nachbarn. Das hat Deutschland nicht geschadet und wird von den eingeübten Deutschen gut verarbeitet: Es ist gar nicht möglich, eine deutschlandkritische Berichterstattung irgendwo zu montieren, die in Deutschland selbst nicht energisch übertroffen würde. Die Deutschen lieben es, sich nicht zu mögen – was den Deutschlandkritiker erst erstaunt und erfreut, dann betäubt und verstummen läßt. Es gehört zu den Gewißheiten der Berliner Republik, daß sie die Gefahr eines Rechtsradikalismus nicht zu fürchten braucht, aber fürchten wird. Es tut nichts zur Sache, daß Deutschland als Land mit der größten ausländischen Wohnbevölkerung im Grunde zu einem ausländerfreundlichen Land geworden ist; das will niemand hören oder glauben.

Das Bild von Europa als eines politischen Kontinents, der von den alten Idealen der Demokratie geprägt und bestimmt ist, der ein Garten der Vernunft sein könnte, möchte sich eintrüben, wenn auf lange Zeit politische Führung sich nicht einstellt und die Funktionsfähigkeit der politischen Systeme weiter nachläßt, die immer langsamer geworden sind, während die gesellschaftlichen Prozesse akzelerieren. Dann mag sich ein Blick, wenn schon kein Nachahmungstrieb, auf jene kapitalistisch-autoritären Demokratien im Fernen Osten richten, die den Massen Wohlstand garantieren und ihnen die Freiheiten belassen, die sie in ihrem täglichen Leben brauchen; wenn auch nicht mehr.

XV.
Innere Einheit

Graf Cavour, der Einiger Italiens, war des Glaubens, daß die Sizilianer arabisch sprächen, die Mailänder möchten es heute noch glauben; im italienischen Norden hat sich eine erfolgreiche Partei etabliert, für die die Unterschiedlichkeit zum Süden Motiv und Programm ist. Das Königreich Belgien wird seit Jahrzehnten von der Feindseligkeit zwischen Flamen und Wallonen fast zerrissen. Die meisten Basken wollen nicht Spanier sein, die Katalanen und die Kastilianer verachten einander aus Herzensgrund, und beide mögen sie die Andalusier nicht. Das Verhältnis von Normannen zu Provençalen ist von Zuneigung und Gemeinschaftsgeist unberührt und Frankreich seit der großen Revolution politisch gespalten, nur in den rauschhaften Augenblicken seiner Geschichte versöhnt. Die Engländer blicken geringschätzig-amüsiert auf die Schotten; die im Süden wissen mit den eigenen Landsleuten im industriellen Norden nicht viel anzufangen. Die Provinz Québec will aus dem kanadischen Staatsverband ausscheiden. Der amerikanische Süden pflegt seine konföderierte Identität, während die Yankees den Bibelgürtel belächeln und sie in den Mittleren Westen so viel zieht wie nach Sibirien. Die Gründe für die inneren Mißverhältnisse sind so unterschiedlich wie die Form, in der sie sich ausdrücken. In den meisten Fällen sind sie unschädlich, ja mögen genossen werden; in wohlerzogenen Nationen kommt man miteinander aus. Aber innere Einheit? Was ist das? Ein Gleichklang der Seelen, eine Übereinstimmung über die gemeinsame Staatsangehörigkeit, die Geschichte, die Unvermeidlichkeiten des gemeinsamen Schicksals hinaus? Wer braucht das?

Offenbar die Deutschen, wenn man ihren berufenen Sprechern glauben will. Aber das darf man nicht. In der Nationalhymne heißt es »Einigkeit und Recht und Freiheit«, doch ist damit nur die staatliche Einheit gemeint und jene politische Einigkeit, ohne die eine Nation keine mehr ist und die erst die Vertretung der Interessen eines Landes möglich macht. Kaum war die Wiedervereinigung erreicht, begann nicht nur bei jenen, die sie nicht gewollt hatten, ein Stöhnen, sie sei recht eigentlich noch nicht gelungen, es bedürfe eines höheren Maßes an Gleichheit, einer Herzlichkeit des Einvernehmens, der Aus- und Versöhnung; alles, aber auch alles Getrennte müsse sich wieder finden.

Die deutsche Sehnsucht nach innerer Einheit, die nach Herstellung der staatlichen mit so ungestümer Sentimentalität sich ausdrückte, ist recht alt und hat vor allem darin einen Grund, daß Deutschland als geographischer Begriff schon seit vielen Jahrhunderten vorkommt, aber erst 1871 politisch wurde (und erst seit 1949 Staatsname ist); auch besaß das Land schon seit der Zeit, da sich anderswo Staaten und Nationen zu bilden anfingen, weniger innere und äußere Einheit als irgendeiner seiner Nachbarn. Das alte Reich war immer mehr zur politischen Fiktion geworden, weil die Einzelterritorien selbständig handelten, sich oft genug mit ausländischen Mächten gegen den Kaiser und andere deutsche Fürstentümer wendeten. Im 16. Jahrhundert war die konfessionelle Spaltung dazugekommen, die alle anderen Länder abgewehrt hatten, indem sie die Reformationen Luthers oder Calvins entweder übernahmen oder verwarfen. In Deutschland bestimmte eine Vielzahl von Landesherren über die unterschiedliche Religion ihrer Gebiete, und die Reichsverfassung mußte die *itio in partes* aufnehmen, ein separates Abstimmungsverfahren jeweils für die katholischen und die protestantischen Reichsstände. Es ist ein Mirakel der deutschen Geschichte, daß den wenigen institutionellen Klammern zum Trotz überhaupt sich eine Gemeinsamkeit erhalten konnte, daß es Deutschland und die Deutschen gibt – eine im wesentlichen kulturelle Leistung, die die Beliebtheit der Vokabel »Kulturnation« im Deutschen erklärt (die zu verstehen in anderen Sprachen mühsam ist).

Der Erste Weltkrieg 1914–1918 ist der erste Krieg gewesen, den die Deutschen vom ersten Tag an gemeinsam führten; vordem konnten deutsche Staaten gegeneinander fechten oder sich vom Kampf freistellen. Erst die Nazis waren es, die mit der inneren Einheit fürchterlichen Ernst machten. Das Stichwort hieß Volksgemeinschaft, aus der sich niemand ausschließen durfte, der nicht von den Machthabern ausgeschlossen war, wie die Juden. Die Nazis schufen die Zwangseinheitsgewerkschaft, applanierten die Klassengegensätze, unter denen die bürgerlicher gebliebenen Gesellschaften des Westens noch heute leiden, vereinheitlichten die Umgangsformen und zogen einen ganz engen Zirkel der politischen Korrektheit erlaubter Meinungen (der für die eigentliche Politik auf einen Punkt leicht schrumpfen konnte): diese Art der inneren Einheit mit ihrer unübersehbaren Vielzahl der Ausprägung in aller Alltäglichkeit hat mit der Niederlage der Greuelherrschaft alles öffentliche Prestige verloren, doch wäre es falsch zu leugnen, daß sie in einigen Verhaltensweisen und der Formung von Mentalitäten noch nachwirkt.

Bei der inneren Einheit der Berliner Republik geht es um die innere Überwindung der Spaltung, die als äußere gelungen ist. Der Gegensatz von Ost- und Westdeutschen ist freilich vornehmlich ein Medienphänomen und drückt sich auch in der Mediennutzung am deutlichsten aus. Die sozialen und ökonomischen Unterschiede sind Jahre nach der Wiedervereinigung noch wahrnehmbar, doch findet die Angleichung mit solcher Geschwindigkeit statt, daß im zehnten Jahr der Einheit wird festgestellt werden können, daß die Deutschen im Lebensstandard mehr Gleichheit realisiert haben als im Jahrtausend davor. Die seelische Ein- und Angliederung wird mit der Entstehung – und erst mit der Entstehung – einer nichtkommunistischen ostdeutschen gesellschaftlichen Oberschicht bewirkt werden, die allen Eindruck einer Bevormundung, eines Subjekt-Objekt-Verhaltens im Umgang zwischen West und Ost beseitigen kann. Die wichtigste Voraussetzung künftiger innerer Einheit war am 3. Oktober 1990 schon gegeben – die Deutschen verfügen zum ersten Male in ihrer Geschichte über einen verläßlichen Begriff, was Deutschland sei, und haben ein gemeinsames Geschichtsbild.

Vordem besaßen sie es nicht. Schon im Mittelalter konnten die Deutschen nicht klar sagen, ob sie eher nach Ostland reiten oder dem imperialen Zug der Kaiser nach Italien folgen sollten. Nach der Reformation spalteten sich auch das politische Bewußtsein und die Geschichtsschreibung: für die einen war der protestantische Schwedenkönig Gustav Adolf ein Held, für die andern der katholische Kaiser, und es störte keine der Religionsparteien, daß beide deutsche Lager ausländischen Mächten Interventionschancen gegeben hatten. Später war man preußisch oder österreichisch gesinnt oder, in Altreichstradition, keines von beidem. Zu Beginn des 19. Jahrhunderts entdeckten die einen den Erbfeind Frankreich, der er für die andern nie gewesen war und auch nicht wurde.

Das alles gehört für die Deutschen nach 1945 zu einer untergegangenen Welt. Die Niederlage und ihre Folgen haben sowohl zunächst die Spaltung wie dann die Einheit begründet. Am NS-Regime waren die deutschen Stämme unterschiedslos beteiligt, den

Krieg haben sie unterschiedslos verloren – mit beträchtlichen Unterschieden freilich, was Lasten und Schmerzen anlangt. Das heutige Geschichtsbewußtsein der Deutschen hat die Niederlage als Bezugspunkt. Es ist der Nadir, von dem aus gezählt wird. Von diesem Nadir gerechnet ist die deutsche Geschichte eine des Wachstums, des Aufstiegs, für die Ostdeutschen seit 1990 auch und ihre erste Periode des Glücks. Die Mißhelligkeiten zwischen Deutschen, derzeit vornehmlich bezogen auf ost- und westdeutsch, werden nie aufhören und mit einer febrilen Aufmerksamkeit registriert werden; sie werden soviel und sowenig bedeuten wie die unter anderen Völkern. Schon jetzt kann der deutsche Tourist erfahren, daß sich für dergleichen draußen niemand interessiert – daß er als Deutscher angesehen wird, basta.

Die lange Geschichte Deutschlands vor 1945 wird für das Geschichtsbild in der Berliner Republik nicht konstitutiv; auch nicht die Vergangenheit der Nazizeit. Der Abscheu vor den Nazigreueln ist allen Deutschen gemein; die vierzigjährige Vergangenheitsbewältigung war eine westdeutsche Angelegenheit. Ostdeutschland war als kommunistische Brudernation von Bezichtigungen und Selbstbezichtigungen eximiert. Es wäre dort Vergangenheitsbewältigung als permanente öffentliche Anstrengung nicht möglich gewesen. Auch in Westdeutschland hat es sie nur geben können als Parallelaktion zum wirtschaftlichen Aufstieg. Für die Westdeutschen waren die furchtbaren Greuel, deren Scheußlichkeiten die Versuchung nahelegte, sie für die fürchterlichsten aller Geschichte (vergangener und zukünftiger) zu halten, ohne persönlich fühlbare göttliche oder irdische Sanktion geblieben – und ihr Einsickern ins Bewußtsein war von unerhörtem Massenwohlstand begleitet. Darauf kann, darauf muß Schuldpflege folgen, wenn seelische Balance gehalten werden soll. – Auch Rußland wird Vergangenheitsbewältigung erst ins Auge fassen, wenn es nicht mehr nur auf gegenwärtiges Elend blickt.

Die deutschen Verbrechen unter den Nazis werden von den Deutschen nie vergessen und nie geleugnet, aber sie werden museal, nicht mehr bewußtseinsfüllend und politisches Verhalten steuernd. Mit der Mauer und dem Ende der Teilung war das große, keinen Tag übersehbare Mahnmal an jene Unzeit gefallen; es ist nicht zufällig, daß zur gleichen Zeit, der Zeit der fünfzigjährigen Jubiläen, die Spurensicherung in Deutschland und der Welt mit Energie einsetzte und der Erinnerung und ihren Stücken allenthalben Museen gewidmet wurden. Vergangenheit, die in Museen verwahrt wird, überwältigt nichts mehr und wird nicht mehr bewältigt. Das merkwürdige Wort »Vergangenheitsbewältigung«, wichtige Staatsvokabel der Bonner Republik, hatte den Gedanken verdrängt, daß Vergangenheit nicht bewältigt werden kann außer durch Gegenwart. Das ist im Positiven gelungen, beispielsweise durch die grundlegende Veränderung im Verhältnis zu Frankreich, und wird im Negativen aufs entsetzlichste dadurch geleistet, daß Kriege und Kriegsverbrechen, ja Ausrottungsversuche an Völkern nicht aufhören. Der Ruf »Nie wieder!«, am 8. Mai 1995 in Berlin und anderen Hauptstädten der Welt inbrünstig ausgestoßen, bezeichnet einen festen Vorsatz der Deutschen, doch sonst nur kraftlose Beschwörung. Der deutsche Genozidversuch an den Juden wird zu Deutschlands Schande ein Unikat bleiben; die anderen Greuel sind für Nachfolger zur Nachahmung freigegeben.

Die nie endende Politik zieht kein Fazit; ein Buch darüber braucht es auch nicht. Es mag der Schluß genügen, daß ein Land, das die größte Glaubensspaltung, den Dreißigjährigen Krieg, zwei Weltkriege, zwei Diktaturen und eine vierzigjährige Teilung überstanden hat, vielleicht nicht, wie Heine in seiner Heimatliebe meinte, sich auf *ewigen* Bestand einrichten dürfe; aber dieses liebe Deutschland überlebt seine Katastrophen und selbst die Glücksfälle seiner Geschichte noch eine lange, lange Zeit.